図解ポケット

Shuwasystem
A book to explain
with figure
: Library

アドラー心理学がよくわかる本

中野 明 著

秀和システム

はじめに

アルフレッド・アドラーは、ジグムント・フロイトやカール・グスタフ・ユングらと並ぶ著名心理学者の一人です。アドラーが打ち立てた心理学は個人心理学（アドラー心理学）と呼ばれており、日本では2014年に一大ブームになりました。すでにブームは沈静化していますが、だからといってアドラー心理学の重要性が下がったわけではありません。

アドラー心理学の特徴は、人が自分の人生にいかに取り組むのかという、いつの時代にも問われ続け、これからも問われ続けるであろう問いをテーマにしています。そのため、時間を経てもアドラー心理学の価値が失われることはありません。

実際、アドラーがなした研究の足跡をたどり、アドラーの主張を改めて検討すると、自分の人生について考えさせられることが次々と生じてきます。

本書ではこのようなアドラー心理学のキー・コンセプトを網羅して、豊富な図解とともに解説しました。これらを通じてアドラー心理学に関する基礎知識を手にしてもらえると思います。

ただし、いまも記したように、アドラー心理学では、人生への取り組み方が大きなテーマになっています。そこで、読者の皆さんには、アドラー心理学の知識を頭に詰め込むだけではなく、本書を通じて、自分自身の人生の目標や自分らしい生き方、働き方やパートナーとの関係など、人生に関する様々な問題を改めて考える機会にしてもらいたいと考えています。そのため、本書の各所には、自分自身の生き方を考察するための問いと、その回答スペースを用意しました。こちらも存分に活用してもらえればと思います。

それでは、いざ、アドラー心理学の世界に斬り込むことにいたしましょう。

2019年5月　筆者識す

図解ポケット アドラー心理学がよくわかる本

CONTENTS

figure

本書の構成

アドラー心理学をざっくり理解する

Chapter1.　アドラー心理学から何を学ぶのか

アドラー心理学を四つのキーワードで理解する

Chapter2.
「目標」との上手な
付き合い方

Chapter3.
「劣等感」への
アプローチとその活用

Chapter4.
自分の「ライフスタイル」
を見つめ直す

Chapter5.
自己実現のための
「人生の三つの課題」

自分自身の価値・強み・貢献を考える

Chapter6.　価値・強み・貢献

自分自身の人生の意味を考える

Chapter7.　人生の意味とは何か

chapter 1

アドラー心理学から何を学ぶのか

本章ではアルフレッド・アドラーの生涯と、アドラーが打ち立てた個人心理学（アドラー心理学）の全貌について手短に解説したいと思います。本章でアドラー心理学のおおよその枠組みを理解してください。

アルフレッド・アドラーの生涯

CHAPTER 1

1

ウィーン大学で医師の資格を取得する

アルフレッド・アドラーは、1870（明治3）年2月7日、オーストリア=ハンガリー帝国のウィーンに近いルドルフスハイムに、ユダヤ人の父レオポルド、母パウリーネの次男として生まれました。

4歳頃、アドラーはジフテリアにかかった弟ルドルフの死に遭遇します。またアドラー自身も病弱で、5歳頃に肺炎で死ぬ瀬戸際の経験をしました。このような体験からアドラーは、死を克服する職業、すなわち医者を目指すことを決意します。

1895年、アドラーはウィーン大学で医師の資格を得ると、眼科医として働き、その後、一般医療に従事しました。1898年には、ツェーリンガッセ7丁目のレオポルドシュタット地区に自分の病院を開業しています。

アドラーが開院した病院の近くには、プラーター遊園地がありました。古くから大観覧車で有名なウィーンの娯楽施設です。

アドラーの病院には、このプラーター遊園地で働く曲芸師や道化師がやって来ました。彼らの相談に快くのっていたアドラーは、彼らが身体的な問題を抱えていて、それを克服するために厳しい訓練に耐え、現在の強靭な肉体を得るようになったことを知ります。アドラーがこのとき曲芸師や道化師から聞いた話は、**劣等感**が神経症の原因になることもあれば、活力と勇敢さを伸ばす要因にもなるという、ア

figure

アドラーの生涯

年	歳	出来事
1870	0	オーストリア＝ハンガリー帝国のウィーンに近いルドルフスハイムに生まれる
1888	18	ウィーン大学医学部に入学
1895	25	ウィーン大学で医学博士の学位を取得する
1897	27	ロシア系ユダヤ人ライサ・エプスタインと結婚する
1898	28	ツェーリンガッセ7丁目レオポルドシュタットに自分の病院を開業
1902	32	フロイトが主宰する討論グループに参加する
1907	37	『器官劣等性の研究』を刊行する
1911	41	フロイトと決別。自由精神分析協会（のちの個人心理学会）を設立
1916	46	1914年に第一次世界大戦勃発。この年、軍医として召集される
1919	49	ウィーンに世界最初の児童相談所を開設する
1926	56	初めてアメリカを訪れて精力的に講演する
1927	57	『人間知の心理学』出版。アメリカで10万部を超える人気に
1935	65	アメリカに移住しニューヨークを拠点にする。1930年代半ばまでにアメリカで最も収入のある講演家になっていた
1937	67	講演途中のスコットランドのアバディーンで急逝

享年67。それほど長い人生ではなかった。2020年は生誕150年なのだ。

Alfred Adler（1870～1937年）

ドラー心理学の基本となる考え方に大きな影響を及ぼすことになります。

またこの頃アドラーは心理学に関心を寄せるようになりました。そして1902年、精神科医**ジグムント・フロイト**の誘いを受けて、フロイトが主宰する討論グループに参加します。このグループはやがてウィーン精神分析協会へと発展しました。

しかし、フロイトとの意見の対立から1911年に同協会を脱退したアドラーは、新たに自由精神分析協会を設立します。のちに会の名称は**個人心理学会**に改称されました。

アメリカで大きな支持を得たアドラー心理学

第一次世界大戦中、徴兵されたアドラーは従軍医師になります。この軍医の経験は、アドラーの思想に大きな影響を与えました。

というのも、自国であれ敵国であれ、人類は皆仲間であり、戦争は同胞に対する組織的な殺人と拷問だ、とアドラーは考えたからです。アドラーはこの考えをさらに発展させ、やがて人が全体の一部であること、全体とともに生きていることを実感すること、いわゆる**共同体感覚**の重要性を主張するようになります。

第一次世界大戦後、オーストリアでファシストの勢力が増す中、アドラーは1935年にアメリカへ移住します。それ以前からアメリカで講演活動をしていたアドラーは、1930年代半ばまでにアメリカで最も収入のある講演家となり、お抱え運転手付きの高級車で各地を飛び回りました。

1937（昭和12）年、アドラーは講演でヨーロッパへ出向きます。スコットランドのアバディーンで講演の予定だった5月28日の朝、ホテルから散歩に出掛けた際、アドラーは心臓発作で倒れ、救急車の中で息を引き取りました。享年67でした。

アドラー心理学の特徴

一貫した目標に向かう統一された人格

アドラーが打ち立てた心理学は、「**個人心理学**(Individual Psychology)」あるいは「**アドラー心理学**」と呼ばれています。紛らわしいのは前者の呼称かもしれません。これは「社会心理学に対峙する個人心理学」という意味ではありません。

アドラーは、人には**一貫した目標に向かう統一された人格**があり、それは分離不能で統一性を保つと考えました。アドラーはこれを**人格の統一性**と呼びました。

この人格の統一性を強調するためにアドラーは、自身の心理学に個人心理学という名を付けたという経緯があります。

それというのも、「individual」はラテン語の「individuum」からきていて、「分割されていない(undivided)」「分割できない(indivisible)」の意味をもつからです。ですから「社会」に対する「個人」ではない点に要注意です。なお本書では、より一般的なアドラー心理学を呼称に用います。

ところで、人には一貫した目標に向かう統一された人格があるとアドラーは考えた、といま述べました。アドラーは人がもつ目標に着目し、人は目標に向かって生きるという、このシンプルな考えをベースにして人間の行動や心理を理解しようとしました。この点について、少々長文ですが、アドラーの言葉を引きましょう。

個人心理学という科学は、生の神秘的な創造力を理解しようとする努力から発達しました。その力は、目標を追求し、それを達成しようとする欲求に、さらには一つの方向において失敗しても、別の方向で成功することを求めることで補償しようとする欲求に表現されています。この力は、「目的論」的なものです。即ち、それは目標追求の努力のうちに表現され、身体と精神のすべての運動は、このような追求に向かって協力することになります。したがって、身体の運動と精神の状態を個人の全体と関連させることなく抽象的に考察することは、愚かなことです。

『個人心理学講義』P13～14

このように人による「身体と精神のすべての運動」は、「目標追求の努力」となって表現されるとアドラーは考えました。よって、その人の行為や行動を真に理解するには、**背景にあるその人の目標**を知らなければなりません。

これはアドラー心理学がもつ基本的な態度だといえます。

人は不適切な目標をもつこともままある

人がもつ目標は、その人自身が決めるものです。しかし、その目標がその人にとって必ずしも適切とは限りません。中には不適切なものもあります。

たとえば、「私はあらゆる面でナンバー1でありたい」という、実現不可能な目標をもつ人がいるとします。この人は、この目標を堅持するほど、社会に適応するのが難しくなるはずです。心理的な病を発症することも十分考えられます。

アドラー心理学では、こうした悩みのある人がもつ目標を明らかにし、不適切な目標に気づかせ、適切な目標を理解させ、方向づけ、その方向に一歩踏み出せるよう勇気づけます。

figure

人は目標を追求する

その人の目標を知らなければ、その人の行為や行動を理解することはできない。

▼

アドラー心理学の基本的な態度

Question?

括弧の中に適切な言葉を入れてください。

人の行為や行動を理解するには、その人の「　　　　」を知らなければならない。

答え：目標

CHAPTER 1 3

アドラー心理学のキーワード

アドラー心理学が注目する「劣等感」とは何か

目標はアドラー心理学を理解する上で重要なキーワードです。同様に**劣等感**についても、是非とも真っ先に理解しておきたいキーワードです。

劣等感とは、自分がもつ肉体や特徴、行動を他の人と比較した場合、劣っていると判断したときに生じる負い目や恥ずかしい感情です。アドラーはこの劣等感を否定的にとらえるのではなく肯定的にとらえ、劣等感が原動力となって、人は共同体や言葉、宗教、哲学など、人に役立つ様々なものを生み出したと考えました。

人類は他の動物と比較して力が強くありません。また、走るのも遅いですし、空を飛ぶこともできません。猛獣に襲われなどしたら、たちまち命を失います。人類の特徴であるこの非力さに、人類は劣等感をもちました。そこで人類はこの劣等感を**補償**するために**共同体**を作りました。集団でいれば猛獣に襲われても何とか戦うことができるでしょう。

また共同体をうまく運営していくには、互いの意思疎通が欠かせません。そこで人類は**言葉**を生み出して共同体のメンバー同士がコミュニケーションをできるようにしました。このように、人間は劣等感を克服するために様々な仕組みやモノを発明してきたとアドラーは考えました。そのため、劣等感を重視するアドラー心理学は「**劣等感の心理学**」と呼ばれることもあります。

figure

アドラー心理学の重要キーワード

目標

人の行為や行動を理解するには、その人の目標を知る必要がある。

劣等感

アドラーは劣等感を肯定的にとらえ、人に有用なものを生み出す原動力と考えた。

ライフスタイル

その人がもつ人生に対する根本的態度。人生の目標や、目標に向かう態度も含む。

人生の三つの課題

共同体生活、仕事、愛。この三つの課題に適切に対処することが求められる。

アドラー心理学には、このほかにも、**共同体感覚**や**劣等コンプレックス**、**優越コンプレックス**、**権力への意志**、**コモンセンス**、**私的論理**、**目的論**と**決定論**など重要なキーワードがある。これらは本書で逐次解説する。

人がもつ独特の生き方としてのライフスタイル

劣等感は人がもつ**目標**とも深く関連します。劣等感を克服するには、そのために何かを達成するための目標をもつ必要があるからです。

1−2節で述べたように、人間は目標に向かって生きるものです。そして、その人がもつ目標や目標にアプローチする態度を、アドラーは**ライフスタイル**と呼びました。

すでに見たように、人は場合によって不適切な目標をもつことがあります。不適切な目標を前提にしたライフスタイルも、生きる上でやはり不都合なものになります。

したがって、人がもつ根本的な目標を明らかにするということは、その人がもつライフスタイルを明らかにすることとほぼ同義になります。よってアドラー心理学では、その人がもつ不適切なライフスタイルを明らかにし、適切なライフスタイルに修正するよう背中を押します。

人は独自のライフスタイルで人生を歩んでいきます。その際に人には大きく三つの課題が生じます。**共同体生活**、**仕事**、**愛**がそれです。これら**人生の三つの課題**にいかに対処するかが、幸福な生活を送る鍵になると、アドラー心理学では考えます。

その際にアドラーは、**共同体感覚**に従って三つの課題に取り組むことで、充実した人生を送れるようになると考えます。共同体感覚とは、他の人に貢献した際に生じる感情です。この感情が生じるように共同体生活、仕事、愛に取り組むことが大事だと、アドラー心理学では考えます。

このようにアドラー心理学では、人がもつ目標と同時に、劣等感やライフスタイル、人生の三つの課題、共同体感覚に深く注意を払います。アドラー心理学を理解して人間的成長を目指すには、これらに通じることが不可欠になります。

アドラー心理学で自分自身に変化を起こす

CHAPTER 1 4

まず内面を変えて社会と新たな関係を結ぶ

不適切な目標や**不適切なライフスタイル**を保持したままの生活では、社会と適切な関係を結べません（「私はあらゆる面でナンバー1でありたい」という目標を思い出してください）。結果、その人は幸福な人生からほど遠い生活しか送れないでしょう。

このような場合、勇気を出してライフスタイルを変えなければなりません。そして、新たなライフスタイルのもとで、社会と新たな関係を結ぶことが重要になります。このように、アドラー心理学では、まず自分自身の内面に注目し、内面を変えることから始めます。いわば**内的変化**の実現です。

内的変化を実現したら、人は社会と新たな関係を構築できます。新たなライフスタイルが適切であれば、社会との新たな関係も適切になるはずです。こうして内的変化に続いていわば**外的変化**が起こります。このようにアドラー心理学では、人の内的および外的な変化を後押しします。

それでは、私たちが目指すべき新たなライフスタイルとはどのようなものなのでしょうか。

残念ながらひな型はありません。それというのも、ライフスタイルは人それぞれであり、千差万別だからです。

とはいえ、適切なライフスタイルにあてはまる最大公約数は存在します。

それは**コモンセンス**です。

コモンセンスとは、共同体や社会が**善として認める価値**です。それは正義であったり公正であったり美であったりします。

適切なライフスタイルで社会と適切な関係を結ぶ

人がもつライフスタイルがコモンセンスに従っている限り、人は共同体や社会と適切な関係を結べます。というのも、そのコモンセンスは社会の善に従っているからです。これならば、社会や共同体と摩擦が起こることもありません。

以上から不適切なライフスタイルについても理解できます。それはコモンセンスに従わないライフスタイルです。アドラー心理学では、これを**私的論理**に準じたライフスタイルと呼んでいます。

それは、社会や共同体が優先ではなく、自己の利益を第一にする態度です。自分一人だけが利益を得て、他を顧みない態度です。

アドラー心理では、こうした不適切なライフスタイルをもっている人に気づきを与えます。そして、互いに適切なライフスタイルについて考えます。その上で新たなライフスタイルに従って生きるよう勇気づけます。

以下、本書では、アドラー心理学の細部を検討しながら、自分自身の人生の取り組み方について考えていきたいと思います。

本章はいわばプロローグのような位置づけで、アドラー心理学の全貌を概観しました。残り6章では、「目標（第2章）」「劣等感（第3章）」「ライフスタイル（第4章）」「人生の三つの課題（第5章）」と、アドラー心理学のキー概念を解説します。その上で、自分ならではの人生の目標発見を目指し（第6章）、人生の意味について考える道筋を示します（第7章）。

それでは、アドラー心理学の細部へ、さらに斬り込んでいくことにしましょう。

figure

コモンセンスに従ったライフスタイルへ

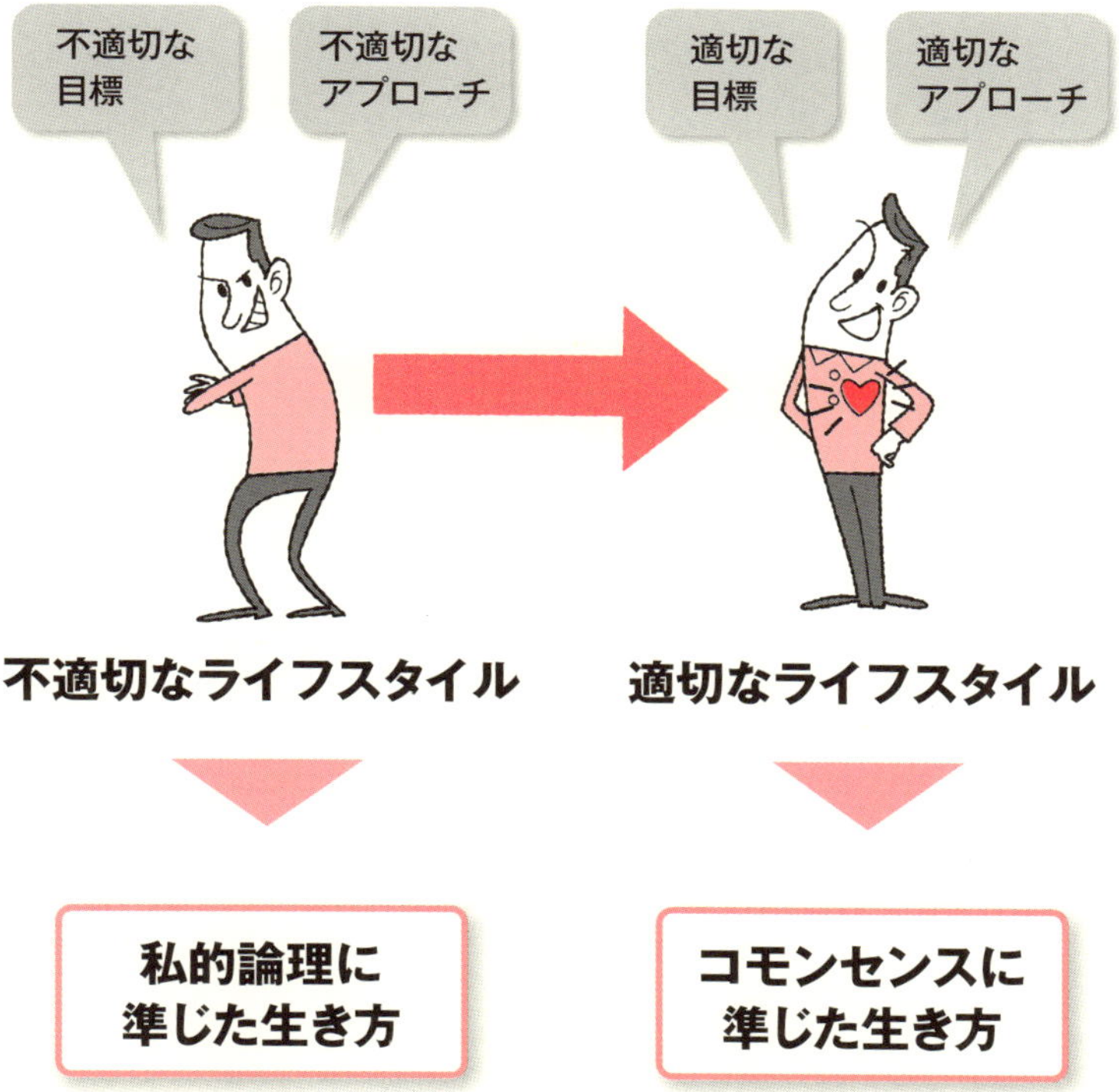

Question?

括弧の中に適切な言葉を入れてください。

「　　　　　　　」に準じることで、不適切なライフスタイルを適切なライフスタイルに変える。

答え：コモンセンス

Column

アドラーとドラッカー

心理学者アルフレッド・アドラーと、皆さんもよくご存知の経営学者ピーター・ドラッカーは、専門とした領域がまったく異なります。しかし意外や意外、2人にはいくつもの共通点が見られます。

本章でふれたように、アドラーは1870年にオーストリア=ハンガリー帝国首都ウィーン近くのルドルフスハイムに生まれました。医者から精神科医となり、1935年にアメリカに移住してのちにアメリカ国籍を取得します。

一方、「マネジメントを発明した男」とも呼ばれるドラッカーは1909年にオーストリア=ハンガリー帝国のウィーンで生まれました。新聞記者や証券アナリストなどの職に就いたあと、アドラーに遅れること2年の1937年にアメリカに移住し、やはりアメリカ国籍を取得します。

思想面での共通点

このように生まれた国もアメリカ移住も共通するアドラーとドラッカーですが、2人は思想的にも共通点があります。

アドラーは人がもつ目標に着目し、人は目標に向かって生きるという、このシンプルな考えをベースにして人間の行動や心理を理解しようとしました。

一方この目標は、ドラッカーのマネジメント論でも極めて重要な位置を占めます。ドラッカーは組織がもつ**使命**（ミッション）を重視しましたが、この使命とは組織がもつ長期的な目標と考えて差し支えありません。

また、ドラッカーは、「**目標と管理の自己マネジメント**」いわゆる「**目標管理**」という考え方を提唱し、仕事で成果を上げるには、組織や自身の目標を理解することが欠かせないと主張しました。

アドラーが亡くなったのは、ドラッカーがアメリカに移住した年です。共通点を多くもつ2人ですが、どうやら面識はなかったようです。

ピーター・ドラッカー（1909~2005年）

chapter

2

「目標」との上手な付き合い方

アドラー心理学では人がもつ目標を特に重視します。本章では人生に目標がなぜ重要なのかを考えた上で、私たちが目標とうまく付き合っていくための術について検討したいと思います。

知的創造としての目標

CHAPTER 2

1

すべてのものは二度つくられる

「すべてのものは二度つくられる」という言葉があります。この言葉はアドラー心理学が重視する**目標**と密接に関連します。

家を想像してみてください。私たちが家を建てるとき、「古民家風で広いリビングがある家」とか「壁一面に蔵書を並べられる家」のように、どんな家に住みたいかをイメージします。そして、そのイメージをもとに設計図を作ることになるでしょう。次にこの設計図をもとにして実際の家を建てます。

このようにあらゆるものはまず頭の中で創造されます。そのあとそれが具体的な形として私たちの前に姿を現します。つまり「すべてのものは二度つくられる」というわけです。

ここでは、前者の創造を**知的創造**、後者を**物的創造**と表現しましょう。そして前者の知的創造の核になるのが目標にほかなりません。この点に関してアドラーは次のように述べています。

もし、この世で何かを作るときに必要な、建材、権限、設備、そして人手があったとしても、目的、すなわち心に目標がないならば、それらに価値はないと思っています。実際に目標があるとしましょう。水道やあらゆる近代的利便性の備わった一〇部屋の家屋を建てると想像してみてください。そうしたら、その目標に最もふさわしいように、建材や設備や作

figure

目標の重要性

●家屋の場合

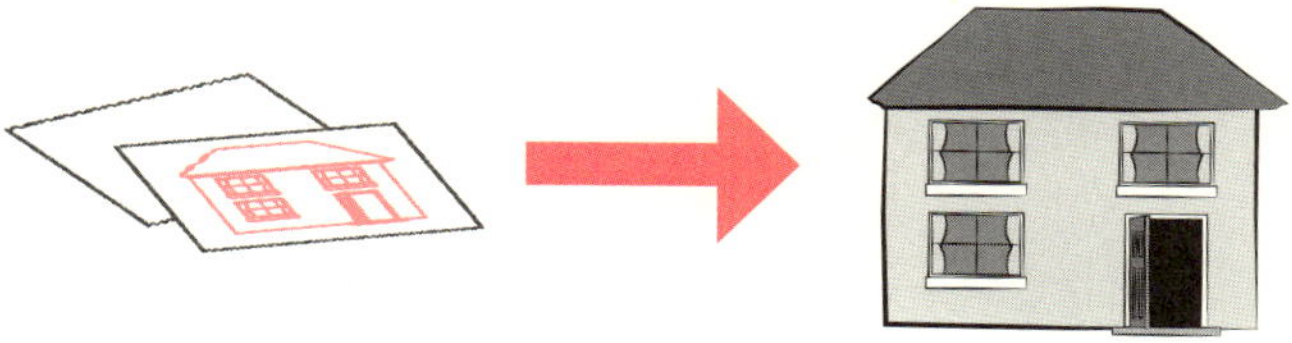

知的創造　物的創造

●人の場合

知的創造　物的創造

Question?

想像してみてください。いま、あなたの葬儀がしめやかに行われています。参列者の代表が生前のあなたについて弔辞を述べています。あなたはこの葬儀の弔辞で、どのような人物として、どのように生きたのかを語ってもらいたいですか。

※この人間像そして人生こそが、自分の目指す人間像であり、人生だといえます。

業員をまとめて、うまく働かせることができるでしょう。仕事をうまく監督することができるでしょう。なぜなら、あなたは自分がどうしたいかを知っているのですから。

『アドラーの思い出』P224

知的創造と物的創造の順番が逆転することはありません。まず知的創造があって、そのあとに物的創造が続きます。そして、知的創造の段階で、すでに終わりが思い描かれていることがわかります。

生きていくために必要な私たち自身の目標

同様のことは私たち自身にもいえます。家を人間に置き換えてみてください。家を建てるには設計図すなわち目標が必要でした。人の場合も同様です。どのような人間を目指し、どのような人生を送るのか、人間あるいは人生の設計図が目標として必要になります。

アドラーはこうした**人生の目標**に関する知的創造が、幼少時の早い段階で、知らずうちになされると考えていました(4-3節)。

しかし、設計図に支障があれば建つ家にも問題が起こるように、私たちがもつ目標に問題があれば、社会との適切な関係が結べないことはすでに見たとおりです。

この目標には、私たちが見落としがちな特徴や、普段は気にもかけなかった、知っておくべき重要な点があります。これらを事前に理解しておくと、不適切な目標を立てる可能性を大幅に減らすことができます。また自分のもつ目標が不適切だと判明したら、適切な目標に置き換えなければなりません。そうするには、適切な目標について、あらかじめ理解しておくことが必要になるでしょう。

以下、本章では、身近な目標を取り上げて、これらの点を中心に解説していきたいと思います。

目標を二分類する

CHAPTER 2
2

コントロールできる目標とコントロールできない目標

アドラーは**他人の課題**と**自分の課題**を分離することが大切だと指摘しました（第4章コラム）。目標についで考える場合、アドラーの指摘はとても大きな意味をもちます。

そもそも目標には2種類あります。

一つは、自分の課題に関するもので、**自分でコントロールできる領域の目標**です。もう一つは、他人の課題に関するもので、**自分ではコントロールできない領域の目標**です。

たとえば、今度開催される市民マラソン大会に出場するために、朝6時に起きてランニングすることにしました。この場合、朝6時に起きるのも起きないのも自分次第です。よって、この目標は、自分でコントロールできる領域の目標だといえます。ちょっと名称が長いので、これを**自分都合の目標**と短縮しましょう。

一方、市民マラソン大会で10位内入賞を目標に掲げたとします。しかし、大会にはどんなタイムをもつ選手が出てくるかわかりません。自分よりも良いタイムをもつ選手が10人以上参加し、彼らが練習どおりのタイムを出せば、毎朝6時に起きて練習したとしても、私の10位内入賞はなりません。

このように、市民マラソン大会で10位内入賞という目標は、自分がいかに努力したとしても、達成できない可能性は必ず残ります。よって、自分ではコントロールできない領域の目標であることがわかりますす。他人ごと（それは運であるかもしれません）ですから、**他人都合の目標**と略称しましょう。

目標が達成できず落ち込んでしまったら

次に自分都合の目標を達成できなかったと仮定します。目標のレベルが余りにも高すぎたのならばこれも致し方ありません。しかし、「毎朝6時に起きる」という目標は、病気にかからない限り達成できるでしょう。仮に「今日は寒いから」「昨晩飲み過ぎたから」を理由に、朝6時に起きなかったとしたら、目標を達成しなかった自分自身を猛省すべきです。

その一方で、十分に努力したにもかかわらず、市民マラソン大会で10位内入賞に届かなかったとします。期待が大きかったほど落胆も大きいでしょう。しかし、毎朝6時に起きて練習するなどといった自分都合の目標をすべてクリアした上で大会に臨んでいたとしたら、極端に落ち込む必要はありません。というのも、10位内入賞という目標は、自分ではコントロールできない領域での目標、つまり他人都合の目標だからです。

とはいえ、だからといって、反省する必要はまったくない、と言いたいのではありません。なぜ、目標に届かなかったのかを考え、目標を達成するために次にすべきことを考えることが欠かせません。これは前向きな態度だといえます。むしろ、極端に落胆して後ろ向きになってはいけないということです。

何かの目標を達成できず落ち込んでいる自分がいるとします。このようなときは一度冷静になって、自分が立てた目標が自分都合の目標か、それとも他人都合の目標か、いずれだったのかを考えてみます。

仮に他人都合の目標だったとしたら、もともと達成できない可能性はあったわけです。気持ちを切り替えて次の目標に邁進するのが得策です。

関心の対象と目標

Question?

自分が現在もっている目標で、自分都合の目標と他人都合の目標について、それぞれ特定してみてください。

自分都合の目標：
-
-
-

他人都合の目標：
-
-
-

ライバルは自分自身だと考える

CHAPTER 2 3

自分都合の目標にある快適ゾーンと研鑽ゾーン

私たちは他人と自分とを比較して、相手に嫉妬を覚えたり、勝手にイライラしたり、不安になったりするものです。しかし、他人とは自分のコントロールできない領域に属する存在です。自分のコントロールできない領域について思い悩んでも仕方ありませんから、これはまったく**無駄な行為**です。

このような生産性のない比較はきっぱり止めてしまいましょう。その上で、**競争相手は自分自身**だと定義すべきです。自分をライバルにして、昨日の自分よりも今日の自分、今日の自分よりも明日の自分の成長を目指すことが重要になります。その際に、より高い目標を掲げてチャレンジすることが欠かせません。

前節では目標を**自分都合の目標**と**他人都合の目標**に大別しました。このうち自分都合の目標の存在領域は二つからなっています。一つは**快適ゾーン**で、自分の成長をそれほど求めない、現状で満足する領域です。もう一つはより高い目標を掲げてチャレンジする領域です。これを**研鑽ゾーン**といいます。

自分自身をライバルだと定義し、自分自身の日々の成長に着目したら、目標は研鑽ゾーンに置くべきです。研鑽ゾーンに目標を置いて、一つひとつクリアしていくと、人の能力はほんの少しずつかもしれませんが確実に向上します。これは自分でコントロールできる領域が拡大することを意味します。

figure
快適ゾーンと研鑽ゾーン

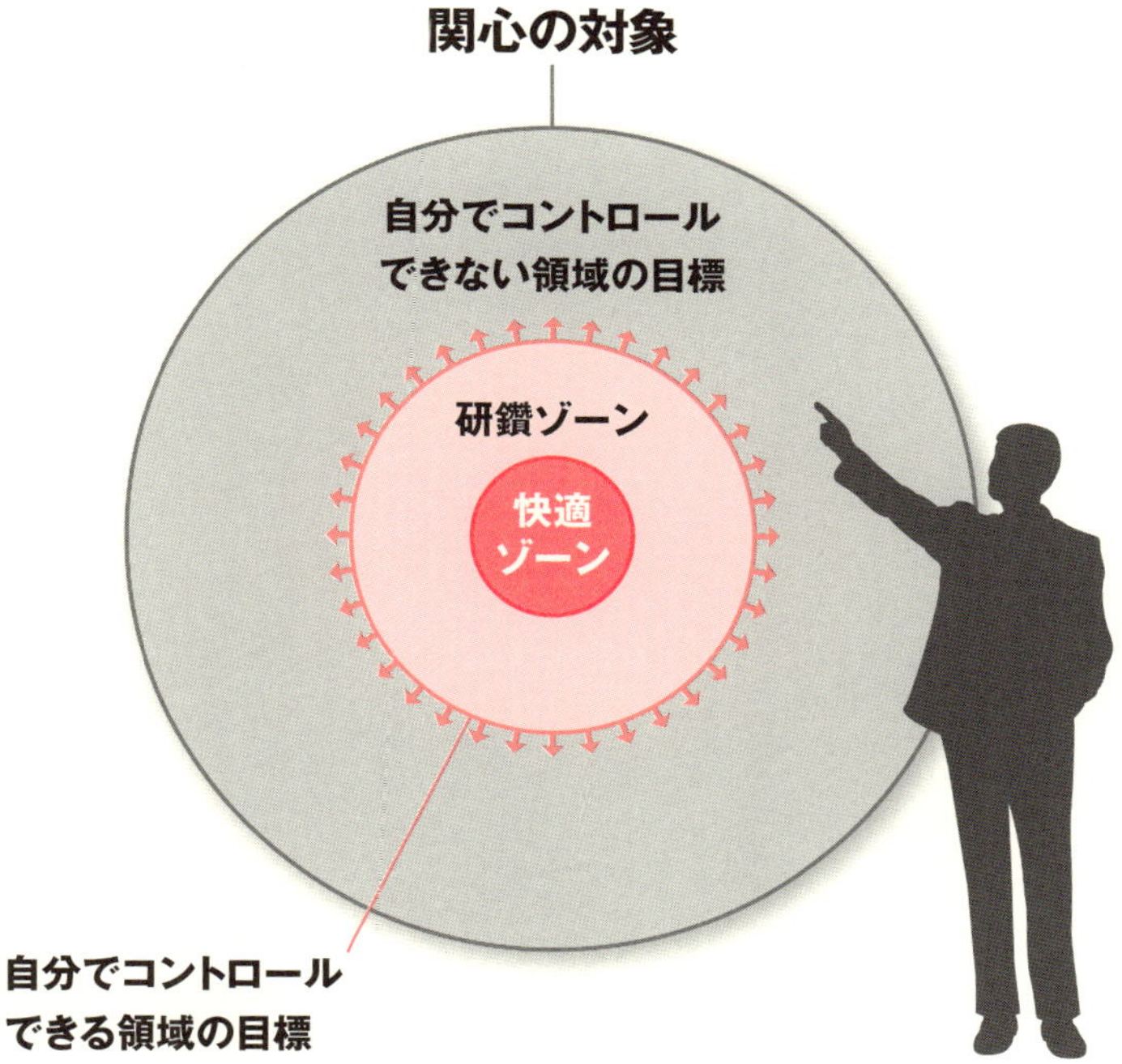

Question?

前節で挙げた自分でコントロールできる領域の目標（自分都合の目標）を研鑽ゾーンに置いた場合、どのような具体的目標を設定できるのか考えてみてください。

自分都合の目標：
-
-
-

このように、研鑽ゾーンに日々の目標を置くことで、人は、昨日の自分よりも今日の自分、今日の自分よりも明日の自分の成長を目指すことが可能になります。

まず重視すべきは自分都合の目標のクリア

マラソン大会で10位内入賞や資格試験の合格など、私たちがもつ目標は、自分ではコントロールできない領域に属する目標である場合が多いものです。

しかし、そのような目標であっても、自分でコントロールできる領域も残ります。したがって、他人都合の目標を掲げたら、その目標の実現に向けた自分都合の目標をもたなければなりません。

それは、朝6時に起きてランニングすることかもしれません。あるいは試験合格に向けて猛勉強することかもしれません。

もっとも、前節でもふれたように、自分都合の目標をすべてクリアしたとしても、他人都合の目標を達成できないことはあります。辛いことですが、これが現実です。

目標を達成できなければ、当然、落胆するでしょう。しかし、だからといって自分の無力さを歎いたり、自暴自棄になったりする必要はありません。仮に自分都合の目標をすべてクリアしたのなら、自分自身を誉めてあげてもいいのではないでしょうか。

他人都合の目標は、自分を奮い立たせるモチベーションになります。しかし、仮にその目標を達成できなかったとしても、私が人間として失格になるわけではありません。要は自分都合の目標をクリアしたのかどうか、最も大切なのはこの点にあります。

また、他人都合の目標を達成できたとしても、それで人間の成長を止めていいわけではありません。さらなる成長を目指すには、やはり自分都合の目標をクリアし続けていかなければなりません。

0・1%成長の爆発的な威力

CHAPTER 2 4

0・1%成長がもつ無視できないパワー

高い目標は、自分でコントロールできない領域に属するのが一般的です。このような目標は、1年や1カ月、1週間、さらに1日というように、自分でコントロールできる領域に属する目標（自分都合の目標）に細分化する必要があります。

前節で述べたように、細分化した自分都合の目標は、研鑽ゾーンに置くべきです。これが自分を成長させるための基本になります。そして、自分を最大のライバルと位置づけて、昨日の自分よりも今日の自分の成長、今日の自分よりも明日の自分の成長を目指します。

その際に「昨日の自分より0・1%成長すること」を基準にして日々の目標を設定してはみてはどうでしょう。たったの0・1%！――と思う人もいるに違いありません。しかし、この0・1%にはとんでもないパワーが秘められています。

今日の私の能力を「100」だと仮定します。0・1%成長を前提にすると、明日の私の能力は100・1になります。重要なのは0・1%成長が複利だということです。ですから、明後日の私の能力は「100・2001」になるでしょう。3日後だと「100・3003001」になります。

この要領で0・1%成長を続けたとします。さて、1年後（365日後）に、私の能力はどの程度になっているでしょうか。

答えは「144（小数点以下切り捨て）」です。概算で150だと考えていいでしょう。つまり毎日0・1％成長を続ければ、私の能力は1年後に現在の1・5倍になるわけです。

では、その後も0・1％成長を続けたとします。2年後（730日後）に私の能力はどの程度まで拡大するでしょう。ちょっと予想してみてください。

答えは「207」で約2倍です。以下、10年後までの数字を紹介しましょう。

3年後……298（約3倍）
4年後……430（4・3倍）
5年後……619（約6・2倍）
6年後……892（約9倍）
7年後……1285（約12・9倍）
8年後……1851（約18・5倍）
9年後……2666（約26・7倍）
10年後……3840（38・4倍）

数字が示す継続は力なり

いかがでしょう。

もともと「100」だった私が、たった1日0・1％の成長を続けるだけで、10年後には「3840」もの能力を獲得しています。

注目すべきは、5年後以降の成長です。ここから一気に高い成長が始まります。複利での成長ですから、元の値が大きいほど、その成長力も高まるわけです。これだけ急激に能力が向上するのであれば、そうした活動はやっていてきっと楽しいに違いありません。

「**継続は力なり**」という言葉があります。ここで示した数字は、まさに継続することの大切さを如実に物語っています。1日の成長はわずかかもしれませんん。しかし継続すれば大きな力になることを理解してください。

figure

0.1%成長

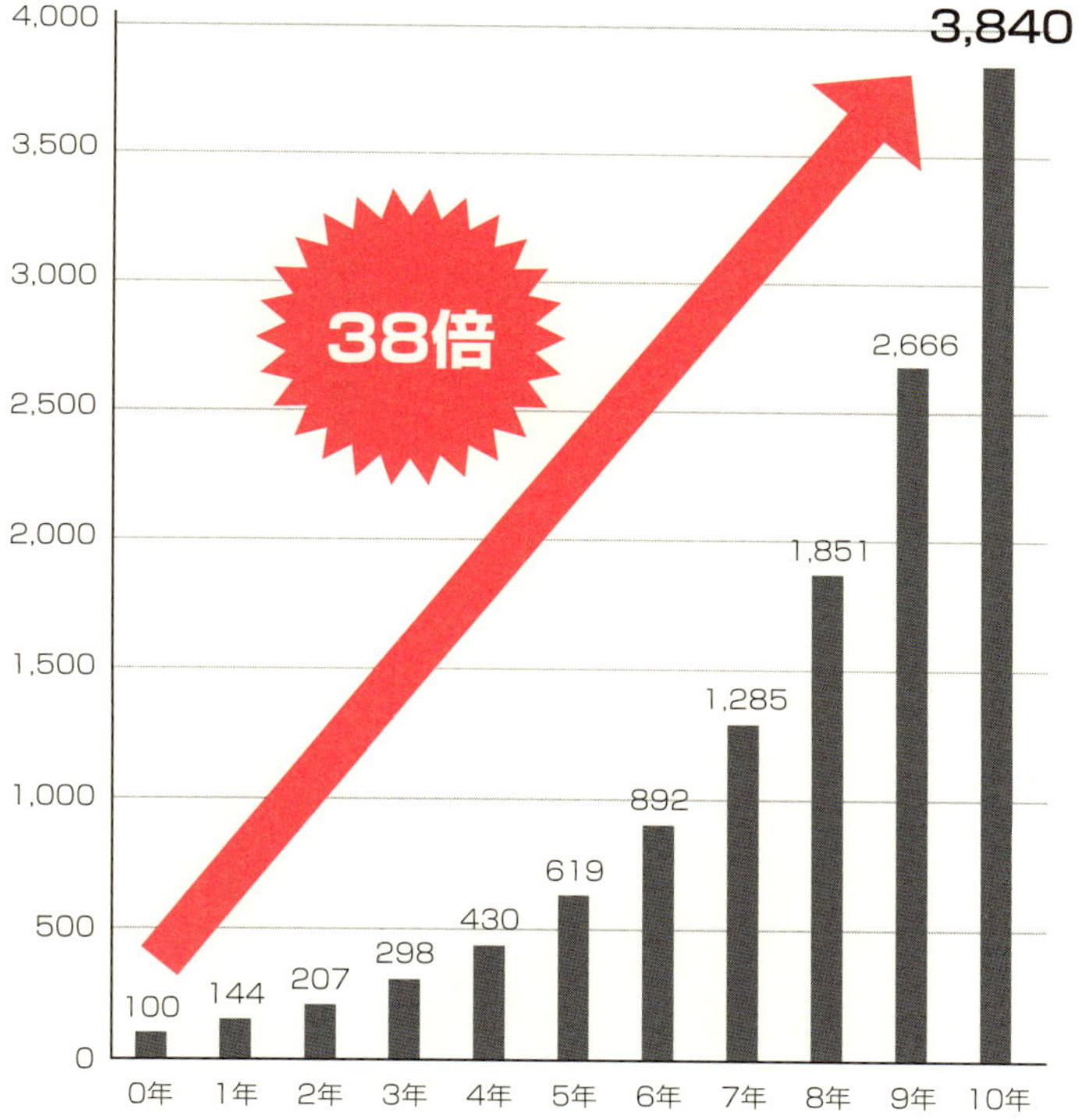

4,000
3,500
3,000
2,500
2,000
1,500
1,000
500
0
38倍
3,840
100
144
207
298
430
619
892
1,285
1,851
2,666
0年
1年
2年
3年
4年
5年
6年
7年
8年
9年
10年

このように0.1%成長のパワーは凄まじい。日々の成長はわずかでも、継続は力になることがよくわかる。

命令と自律のマトリックス

CHAPTER 2 5

命令と自律で私たちの活動を分析する

　ここまでで目標は大きく二分類できることがわかりました。これ以外にも目標をより深く理解するための分類方法があります。「**命令と自律のマトリックス**」をベースにした分類もその一つです。

　「命令と自律のマトリックス」とは、縦軸に「自律性」、横軸に「命令」をとり、それぞれ「あり」「なし」の基準を設けます。これにより次の４つの象限をもつマトリックスを作ります（35ページ参照）。

①自律性あり×命令あり……第Ⅰ象限
②自律性あり×命令なし……第Ⅱ象限
③自律性なし×命令あり……第Ⅲ象限
④自律性なし×命令なし……第Ⅳ象限

　まず、第Ⅰ象限です（**自律性あり×命令あり**）。ここでは他人から命令や依頼された仕事を自発的に取り組んでいる状況を示しています。前向きに取り組む仕事や勉強はこの象限に位置づけられます。

　次に、第Ⅱ象限です（**自律性あり×命令なし**）。こちらは他の人から命令や依頼なしで、まさに自らの意思で活動している状況です。自分にとって価値あること、好きな活動というのは、命令されなくてもやるものです。こうした活動がこの第Ⅱ象限に位置づけられます。

　続いて第Ⅲ象限です（**自律性なし×命令あり**）。こ

figure

命令と自律のマトリックス

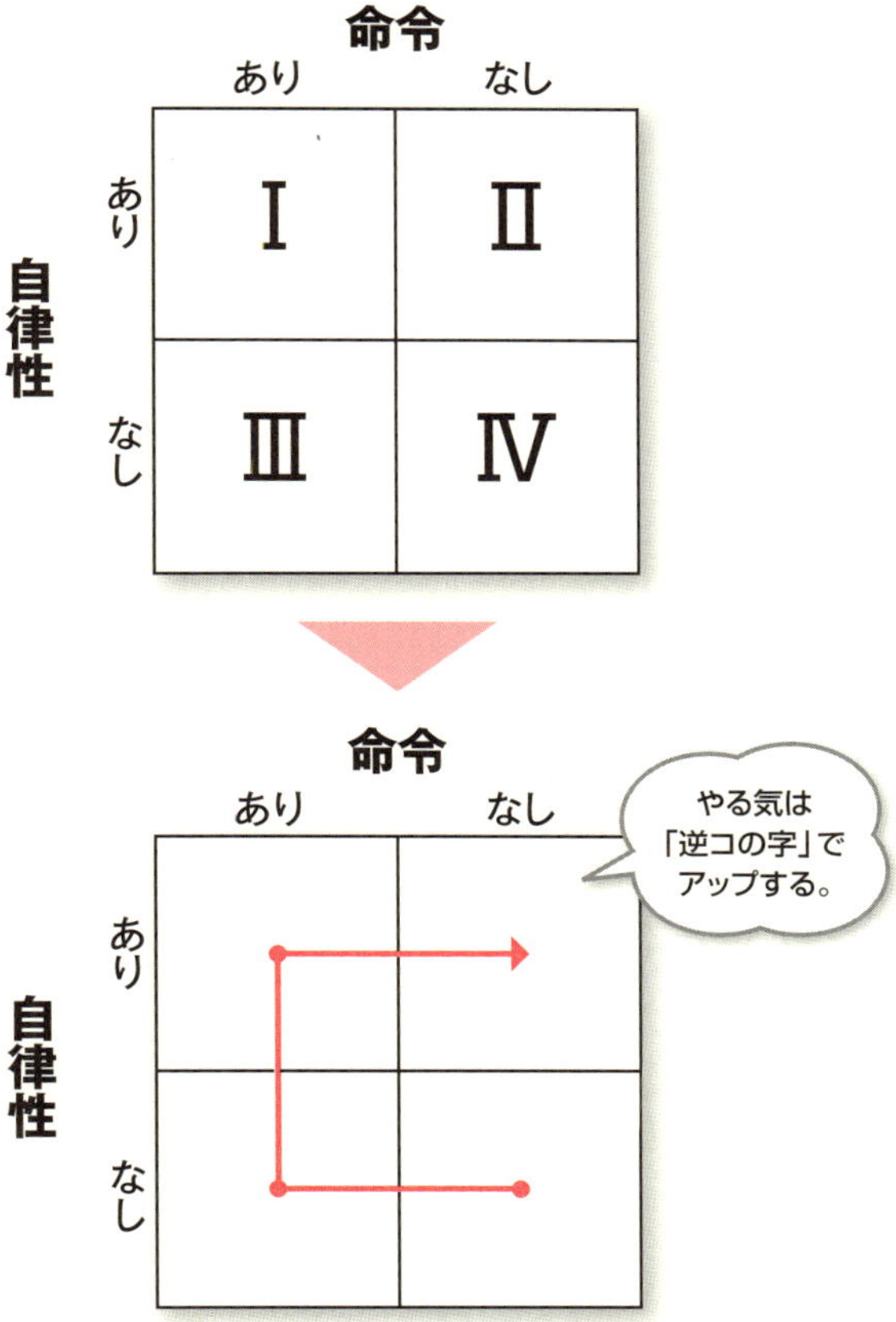

Question?

あなたが現在行っている活動をいくつか思い起こしてください。それらの活動は、命令と自律のマトリックスのいずれの象限に該当しますか?

ちらはまったく自律性なしに命令や依頼された仕事をこなす状況です。機械的にする仕事や嫌々する勉強はまさにこの象限に属します。

希望していた会社に入社した新人は、はつらつと仕事に取り組みます。しかし、時間が経つにつれて、理想と現実のギャップに悩み出し、漫然と仕事をするようになることがままあります。これは最初、第Ⅰ象限に位置づけられていた仕事が、第Ⅲ象限に落ちてしまったことを意味しています。

最後は第Ⅳ象限です（**自律性なし×命令なし**）。こちらは自律性も命令もありません。ただ無意味に時間を消費している活動です。引きこもりなどはこの象限に位置づけられます。

「やる気」の面から見る命令と自律のマトリックス

では、この命令と自律のマトリックスを、「やる気」という観点から、レベルの低い順に見てみましょう。言うまでもなく、やる気がまったく欠如しているのが第Ⅳ象限での活動です。

次にやる気の度合いが低いのが第Ⅲ象限での活動です。命令されたから従わざるを得ないというように、命令による強制が活動の動機になっているのがここでの状況です。

残るは第Ⅰ象限と第Ⅱ象限です。やる気の低さで選ぶとすると、いずれが該当するでしょうか。答えは簡単です。第Ⅰ象限での活動です。

というのも、第Ⅱ象限の活動は、命令などなしに、まさに自発的に活動している性格のものです。ですから、やる気の程度は断然こちらのほうが高いといえます。ですから、やる気の低さで選ぶと第Ⅰ象限が該当します。

以上見てきたように、第Ⅳ象限から第Ⅲ象限、第Ⅰ象限、第Ⅱ象限と、「**逆コの字**」を描くように、やる気の度合いがアップしているのがわかります。

目標と「やる気」の関係

CHAPTER 2 6

命令と自律のマトリックスに目標を重ね合わせる

前節で見たように、**命令と自律のマトリックス**では、やる気ゼロの第Ⅳ象限から、「逆コの字」を描くようにやる気がアップしていくのがわかりました。次にこの四つの象限に**目標**を重ね合わせて考えてみます。

やる気の欠如した第Ⅳ象限の活動は、目標も欠如していると言い換えられます。目標のない人生、これは何とも味気ないものです。次に第Ⅲ象限の活動は、他の人から押しつけられた目標によって動かされています。これが第Ⅰ象限の活動になると、命令こそ他人からのものですが、自律的に活動していることから目標が「自分ごと」になっています。

さらに最後の第Ⅳ象限の活動では、まさに自発的に動いていることから、目標が「自分ならではのもの」になっています。以上をとりまとめると次のようになります。

①第Ⅰ象限「自律性あり×命令あり」……自分ごとの目標
②第Ⅱ象限「自律性あり×命令なし」……自分ならではの目標
③第Ⅲ象限「自律性なし×命令あり」……強制された目標
④第Ⅳ象限「自律性なし×命令なし」……目標の欠如

目標のもち方でマトリックスを自在にワープ

アドラーは、人は目標に向かって生きると考えました。いわば、目標こそが人間を動かす原動力だという考えです。

このような観点から、命令と自律のマトリックスに重ねた目標を検討してみましょう。

人生が無意味に感じる——。このように思うとき、得てして私たちは目標を失った状態にあるのだと思います。それは第Ⅳ象限に身を置いている状態ではないでしょうか。

アドラー心理学では、人がもつ不適切な目標に気づかせ、適切な目標を理解させ、方向づけ、その方向に一歩踏み出せるよう勇気づけます。目標の欠如は最も不適切な状況の一つですから、適切な目標を見つけ出すことが欠かせません。

次に第Ⅲ象限です。ここでは目標が強制されたものです。押しつけられたイメージが強いため、目標がどこか他人ごとのように思えるのではないでしょうか。

このような目標を自分ごとの目標にできたとき、私たちの活動は第Ⅲ象限から第Ⅰ象限に移動します。さらに、命令もなしに、まさに自律的に目標を設定して活動すると、この活動は第Ⅱ象限に移行します。

どのような目標を、どのような意思でもつのかは、すべてその人の自由です。

それゆえ私たちは、目標のもち方、目標への接し方によって、嫌々やっている活動や強制されている活動を、第Ⅰ象限や第Ⅱ象限の活動に引き上げることができます。引き上げるか引き上げないかは、すべて自分自身にかかっています。

では、具体的にどうすれば、象限を移行できるのでしょうか。この点について引き続き次節で考えてみたいと思います。

figure 目標のレベル

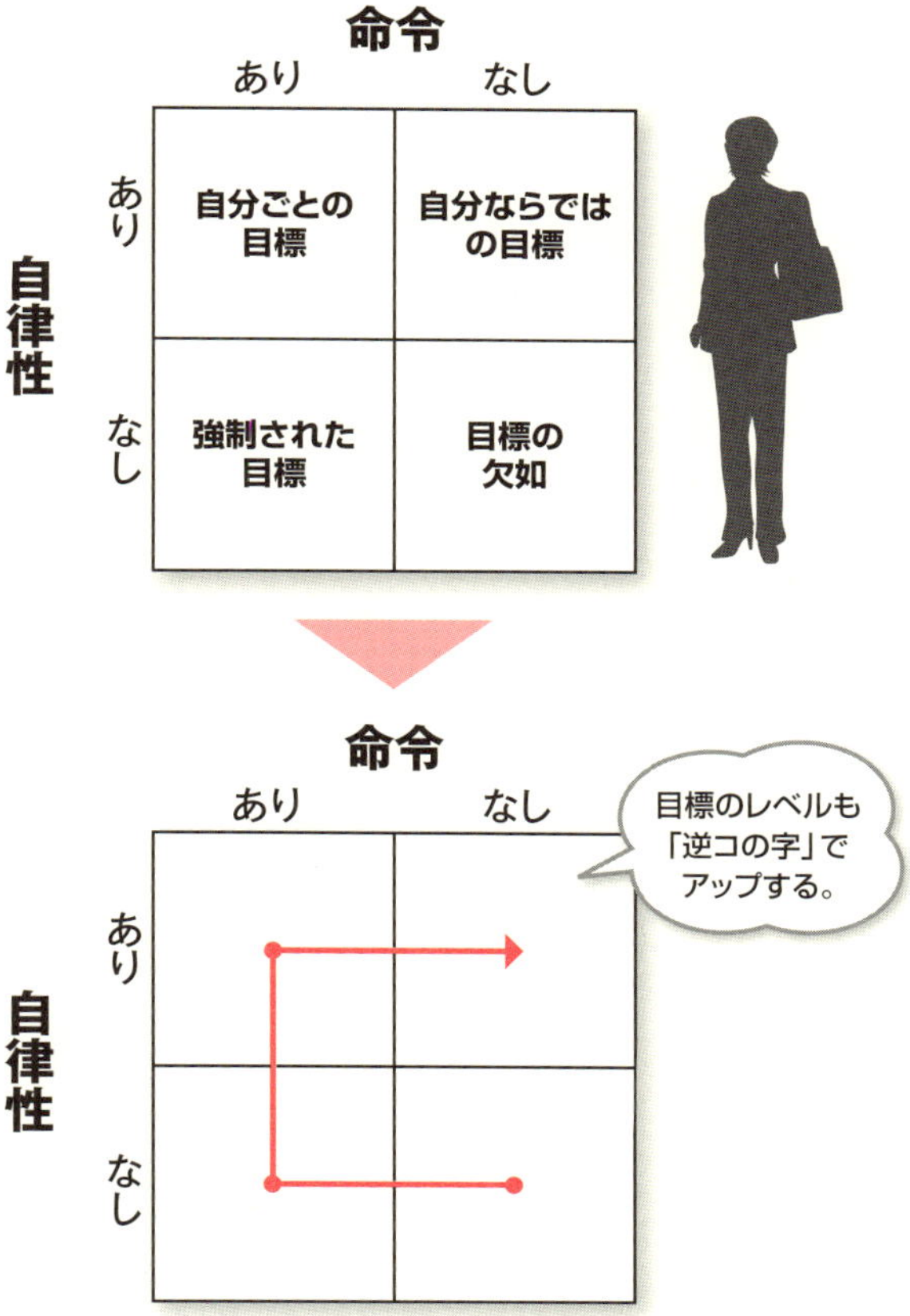

Question?

あなたが現在もっている目標をいくつか思い起こしてください。それらの目標は、命令と自律のマトリックスのいずれの象限に該当しますか。

より適切な目標に置き換える簡単な方法

CHAPTER 2 7

前倒し主義を実践して象限をワープする

人から与えられた目標は得てして乗り気がしないものです。このまま嫌々活動していたら、私は第Ⅲ象限に縛られていることになります。

たとえば、私は上司から、得意先向け販売促進プランの企画書を来週の月曜日までに作成するよう命じられたとします。言われたとおり作成して月曜日に提出したとしたら、この活動は第Ⅲ象限に限りなく属するものだといえます。

この仕事を第Ⅰ象限に引き上げる方法はないでしょうか。

実はとっても簡単な方法があります。**前倒し主義**を実行すれば問題は簡単に解消します。前倒し主義とは、命じられた仕事の期限を、自らの意思で前倒しすることです。

今回の場合だと、来週月曜日の締め切りを、自らの意思で今週の金曜日に前倒しします。たったこれだけで、第Ⅲ象限だった仕事を第Ⅰ象限に引き上げられます。

どうしてそうなるのでしょうか?

簡単なことです。そもそも、企画書を金曜日までに作成することは、誰に命じられたものでもありません。自らが課した目標すなわち**自分ごとの目標**です。つまり、前倒し主義を実行することで、第Ⅲ象限の強制された目標が、第Ⅰ象限の自分ごとの目標にいきなりワープするわけです。

figure

前倒し主義と自前の目標

前倒し主義

自分ならではの目標

Question?

現在、自分がもつ強制された目標について考えてみてください。そうしたら、その目標に自前の目標を加えて、自分ならではの目標に変えてみてください。

第Ⅲ象限の仕事をいきなり第Ⅱ象限に引き上げることだって、やりようによってはできます。

たとえば、上司からある書類を得意先に至急届けるよう命じられたとします。よくある「ぱしり」仕事です。私は嫌々得意先にこの書類を届けに行きます。このように仕事をすれば第Ⅲ象限に属する典型的な活動になってしまいます。

これに対して私は、書類を届ける際に、前から温めていた企画を得意先に提案することを思いつきました。その旨を上司に話したところ、ゴーサインがでました。

私は書きかけの企画書を完成させて得意先に向かいます。こうして企画を提案するという、命令ではない自発的な目標が加わったため、この活動は第Ⅲ象限からいきなり、「自律性あり×命令なし」の第Ⅱ象限へと移行しました。

第Ⅲ象限で仕事をしている人と、第Ⅱ象限で仕事をしている人では、他の人が見る目も違ってきます。

たとえば得意先が、単に書類を届けにきた私を見て、「どうしてPDFで送ってこないんだ。バカじゃない」と思うかもしれません。これに対して、**自分ならではの目標**をもって働く私は、少なくとも「バカじゃない」とは見られないでしょう。

以上からわかるのは、**言われた以上の自前の目標を作り出すこと**で、第Ⅲ象限の活動を、第Ⅰ象限や第Ⅱ象限へとワープさせることができるということです。アドラーは言いました。

われわれが直せるのは、彼の具体的目標だけである。目標が変われば、精神的な習慣や態度も変わるであろう。

『人生の意味の心理学』P73

目標は少しばかり手を加えるだけで容易に作り変えられます。そして新しいより適切な目標が、私たちの「精神的な習慣や態度」を変えることが、本章からわかってもらえたと思います。

chapter 3

「劣等感」へのアプローチとその活用

アドラーは人がもつ劣等感が、その人の成長に欠かせないと考えました。本章では、なぜアドラーが劣等感を重視したのかを詳しく解説した上で、劣等感をいかにして生きるパワーに変えるのか、その術について紹介します。

CHAPTER 3 1

アドラー心理学と劣等感

成長の原動力としての劣等感

劣等性と劣等感――。よく似た言葉ですが両者は別物です。前者の**劣等性**は、他と比較したときに、劣っている能力や性質を指します。これに対して後者の**劣等感**は、劣等性から生まれるネガティブな感情を指します。

一般的に劣等感は、いい意味で用いられることが少ないものです。これに対してアドラーは、劣等感に一般とは異なる前向きな意味を見出しました。

第1章でふれたように、アドラーがプラーター遊園地の近くに病院を開業すると、遊園地で働く曲芸師や道化師が来院しました。アドラーは、彼らが身体的な問題を抱えていて、この劣等感を克服すなわち**補償**するために、猛烈な練習を繰り返してきたことを知ります。

振り返ってみると、アドラー自身もそうだったことに気づきます。幼少時、身体の弱かったアドラーは、2歳年上でとても健康な兄を見て劣等感を覚えていました。アドラーが医者になったのは、この劣等感を解消することが大きな要因の一つでした。そして現在、開業医としてりっぱに成長しています。

このようなことからアドラーは、劣等感が**人の成長の原動力**になると考えるようになりました。

さらにアドラーは、この劣等感を人類の歴史からとらえることで、その果たした役割の重要性をより強調します。

figure

劣等感とその補償

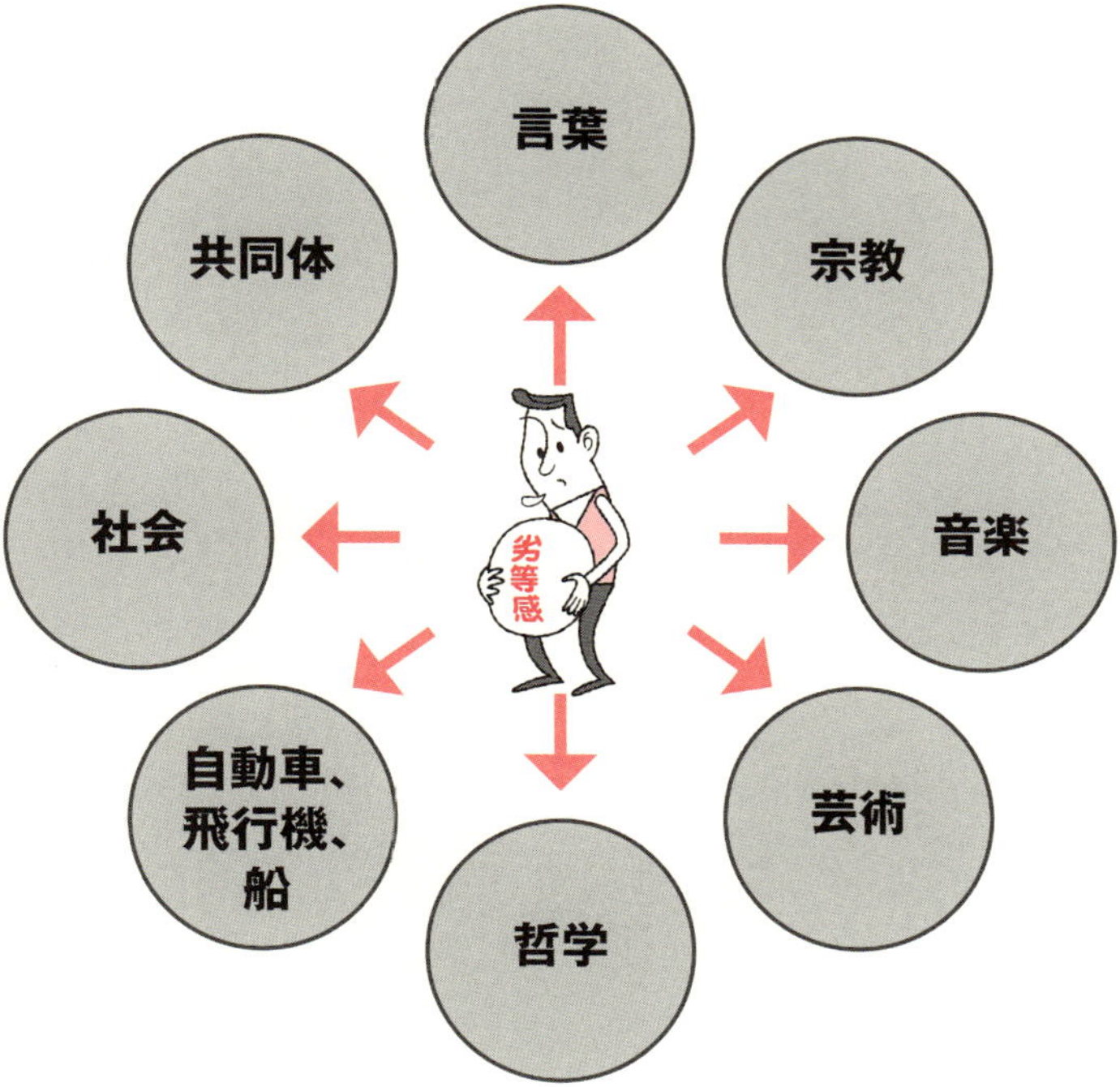

Question?

自分自身の劣等性や劣等感について考えてみてください。その劣等感から何が作り出されたでしょうか。

あなたの劣等感　：

作り出されたもの：

人類の進化にも役立った劣等感

人間を他の動物と比較した場合、身体の大きさや運動能力、牙や爪といった殺傷能力など、人間より優れた能力をもつ動物が多数います。こうして人間は生まれつき他の動物に対して劣等感を抱くようになった、とアドラーは考えます。

しかしこのままでは生存競争に敗れてしまいます。そこでこの劣等感を克服するために、人間は集団を形成しました。集団とはつまり**共同体**のことです。

共同体として対処すれば、どう猛な動物から身を守りやすくなりますし、身体の大きな動物を敵にしても戦えます。このように、肉体的劣等性に起因する劣等感が、人類に徒党を組ませる、言い換えると共同体を形成させる原動力になった、とアドラーは考えたわけです。

また、他人と仲間になるにはコミュニケーションが欠かせません。加えて、共同体を維持するのにもコミュニケーションが不可欠です。こうして人類はコミュニケーション・ツールとしての**言語**を開発しました。

それから、いつかは死ぬことを悟った人類は、「永遠」に対立する「死」から派生する劣等感を補償するために、**宗教**や**哲学**を生みます。**音楽**や**芸術**といった美を追求する活動も、不完全な人間存在に対する補償活動と考えることもできるでしょう。

ほかにも速く走れないから自転車や自動車を作り、長時間泳げないから船を作り、空を飛べないから飛行機を作りました。

さらに、人間の共同生活によって成立する共同体は、やがてその規模が大きくなります。現代の我々はこの共同体のことを社会と呼んでいます。よって、この**社会自体**も人間の劣等感が作り出した産物だということになります。

CHAPTER 3 2 劣等コンプレックスと優越コンプレックス

劣等コンプレックスに注意せよ

人が劣等感を補償するために活動し始めると、どこまでも補償しようと努めます。要するに際限がなくなるわけです。このような状況を**過補償**（**過剰補償**）といいます。

過補償が適切な方向に向いていれば、個人にとっても、あるいは社会にとっても好ましいことです。それは個人の成長や社会への貢献を強力に促進するからです。

ただ、困ったことがあります。というのも、人間活動の原動力とも言えるこの劣等感を補償する強力なパワーを、私たちは正の方向ではなく負の方向に向ける場合がよくあるからです。

自分がもつ劣等性を他人に見せたり指摘されたりするのが嫌だとします。人前に出なければ、人に笑われることも、傷つくこともありません。こうして自宅に引きこもります。**快適ゾーン**（2-3節）に逃げ込んで、そこから一歩も外に出ない状況です。劣等感の補償がマイナスの方向にふれるこうした傾向を**劣等コンプレックス**といいます。

男性的抗議も劣等コンプレックスの一種です。たとえば、女性が自分の性に劣等コンプレックスをもつと、女性らしさを捨てて男性的になることを目指します。これが男性の場合だと、より男性らしくなることを目指し、武道やボディビルに励むことになります。いずれも男性的抗議の一例です。

ちなみにアドラーは、フロイトの主張したエディプス・コンプレックス（父親への対抗意識と母親への恋慕）も、男性的抗議の一部だと主張しました。このためにアドラーはフロイトと決裂することになります。

優越コンプレックスにも注意せよ

劣等コンプレックスの変種に**優越コンプレックス**があります。そもそも劣等感を正しい方向で補償しようと思うと長い時間と大きな努力が必要になります。これはなかなか辛い作業です。

そこで、こうした辛い作業を省略して、安易な方法で劣等感を補償しようとしたときに、優越コンプレックスが生じます。

たとえば、腕力に自信がない人は、この劣等感を補償するために、威圧的な格好をしたり、集団を組んで暴力行為を働いたりするかもしれません。これは劣等感の補償が負の方向に働いた優越コンプレックスの典型です。

あるいは、他人から重要人物として見られたい人は、大きなローンを組んで高級な自動車に乗るかもしれません。これも劣等感の補償が負の方向に働いた優越コンプレックスの一種です。

優越コンプレックスを背景にした活動は、その人に一時的な満足を与えるかもしれません。しかし、その活動自体は負の方向に向かっていますから、自己の成長に資することはありません。そのため、結局は、労力や時間、お金などを無駄に費やすことになります。

劣等コンプレックスや優越コンプレックスを解消するには、その人をそのような活動に向かわせている目標自体を変えなければなりません。その人に目標が適切でないことを理解させ、新しい適切な目標を見つけ出さなければなりません。

figure

劣等感を補償する2方向

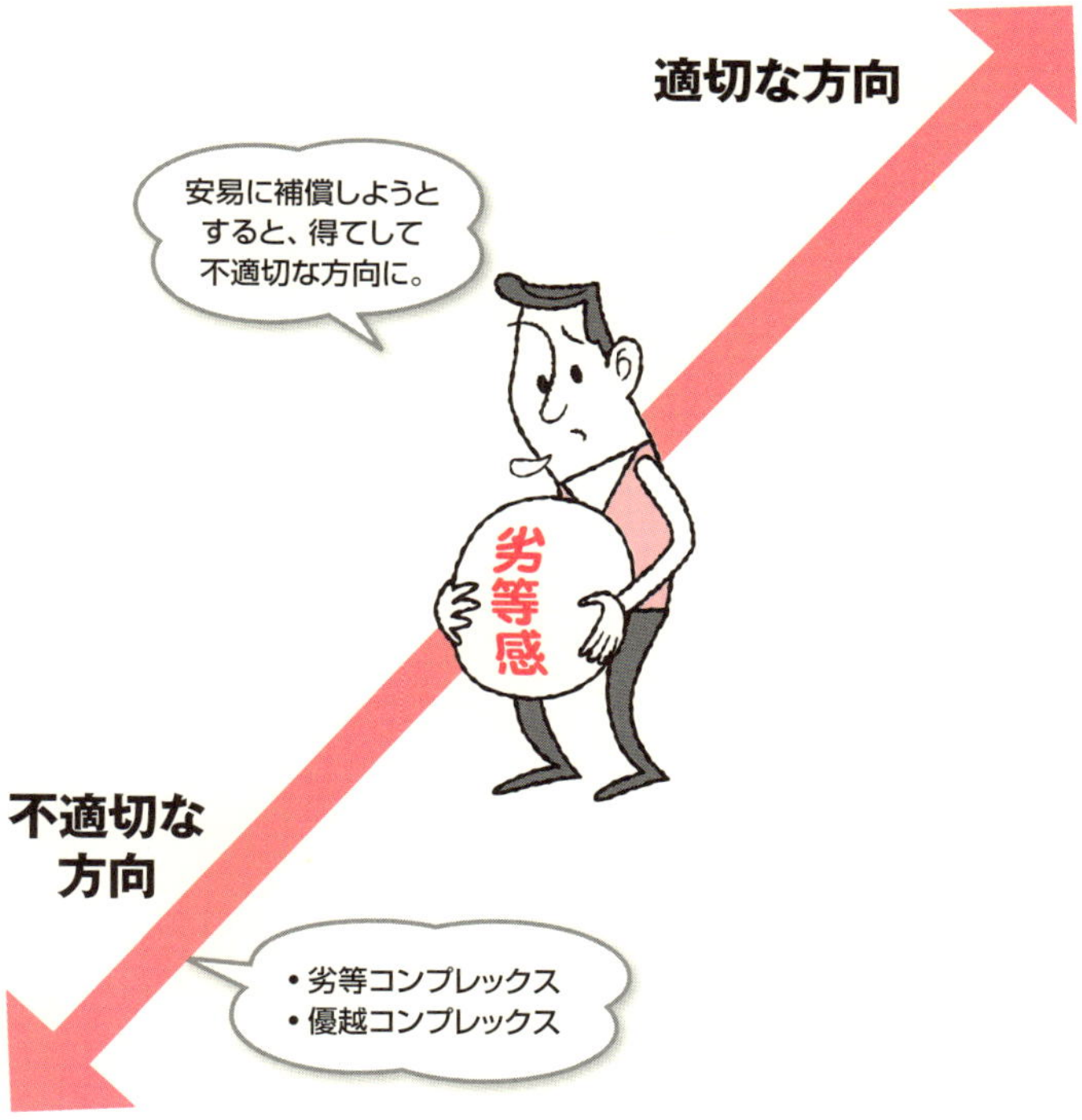

Question?

自分や自分の周囲の人がもつ優越コンプレックスについて列挙してみてください。

-
-
-

CHAPTER 3

3 竹馬男の物語

間違った方向へ血の滲む努力をする

前節でふれた優越コンプレックスに基づく活動がいかに無駄なのか、「竹馬男の物語」が雄弁に物語ってくれます。

あるところにとても気位の高い男がいました。この男は背が低いのが悩みの種でした。そこで男は自分の背を高くしようと、いつも竹馬に乗るようになりました。

竹馬をはいて街に出た男は、高い所から人々を見おろしました。

「どうだい。ボクの背はとっても高いだろ」

これを見たある人が言いました。

「でも、竹馬をはいたままでは電車に乗れないだろ」

気位の高い男はこんな批判にめげません。必死の訓練をして竹馬をはいたまま電車に乗れるようになりました。

するとこれを見た別の人がいいました。

「でも、竹馬をはいたままレストランに行くのは難しいだろ」

気位の高い男はこんな批判にもめげません。やはり血の滲むような努力をして、竹馬をはいたままレストランで食事ができるようになりました。

竹馬男は自慢顔です。

これを見た人々は、「やれやれ」と顔を見合わせました――。

いかがでしょう。以上が「竹馬男の物語」です。こ

figure

竹馬男

どうだい。
背が高いだろう。
その努力を
別のものに
向けたら?
優越コンプレックスのパワーを
もっと適切なものに活かすのが欠
かせないのだ。

の物語を読んで何を感じますか？

血の滲む努力をプラスの方向に向ける

この話が興味深いのは、竹馬男が竹馬を乗りこなすために多大な努力をしている点です。

そもそも竹馬の足が長いほど（背を高く見せたいほど）、竹馬を乗りこなすのは困難になるでしょう。竹馬男はこの困難を乗り越えてうまく竹馬に乗れるようになりました。

それればかりではありません。竹馬男はさらに必死の訓練を積んで、竹馬をはいたまま電車に乗れるようになりました。さらに驚くのは、この竹馬男がさらなる血の滲む訓練をして、竹馬をはいたままレストランで食事をできるようになったことです。このままいけば、竹馬をはいたまま泳げるようになるに違いありません。

しかし、竹馬男のやっている活動は、何と無駄で実りのないものなのでしょう。竹馬男がこの無駄さ、無意味さに気づかない限り、この男に幸せはやってきません。

竹馬男はこれだけの努力ができる人物です。この血の滲む努力を負の方向ではなく正の方向に向ければ、どれだけ有意義で意味のある活動に変えられるでしょうか。

不適切な目標を早期に理解して正す

竹馬男の物語は極端な例です。しかし、私たちは多かれ少なかれ、自分を偉く見せるため、できないことをできるように見せたり、知らないことを知っているように見せたりするものです。

こうした不適切な目標に向けた努力が無駄であることを早期に理解すべきです。

舵を切るべき方向

CHAPTER 3 4

問題として挙げた事例の共通点は何か

本章はここまでで**劣等コンプレックス**や、そこから派生した**優越コンプレックス**について見てきました。これらのどこに問題があるのか、ここまでに掲げた一例を列挙して考えてみたいと思います。

- 劣等性を隠すため一歩も外に出ない
- 女性らしさを捨てて男性らしくなる
- もっと男性らしくなるため筋肉をつける
- 腕力に自信がないから集団を組んで暴力を働く
- 重要人物に見せたいから高級自動車に乗る
- 身長の低さを隠すために竹馬に乗る

いかがでしょう。これらの例に共通する点は何でしょう。そうです、いずれも**自己の利益**のみを追求している点で共通しています。

しかも興味深いのは、いずれも自己の利益を追求していながら、結局、本当の利益につながっていない点です。目指す目標が間違っているからこのような結果になってしまったわけです。

では、劣等感が生み出すパワーを注ぐべき正の方向とは――?

答えはとっても簡単です。

自分の利益ではなく、**社会の利益に貢献すること**、これが正の方向です。

そもそも我々が何かしらの報酬を得ようとしたとき、相手のためになることが先決になります。人のためになること、これは社会に貢献することだと言い換えられます。

社会に貢献すると「ありがとう」という言葉が返ってきます。しかし、感謝の気持ちだけでは足りない場合、私たちは社会から金銭という報酬を受け取ります。

こうした感謝や報酬は、私たちのモチベーションを高めてくれます。そしてさらに社会へ貢献すると、再び感謝の言葉や報酬をもらえる——。

目標を自己の利益ではなく社会への貢献に向けると、このような**好循環**が生まれます。しかも、目標を社会への貢献に据えているにもかかわらず、結果的に自己の利益にも結び付きます。何とも不思議な話です。

ところが私たちは、得てして右で見たようなシンプルな原理原則を忘れて、しばしば自分の利益ばかりを考えた行動をとってしまうものです。これが行き過ぎると、社会との間に摩擦が生じても仕方ありません。

竹馬男が社会に貢献する男に変身する

先の竹馬男の事例についてもう一度考えてみましょう。竹馬男は、背の低さを隠すという自らの利益のために、竹馬に乗ったまま地下鉄やレストランに行けるよう訓練しました。

たとえばこの訓練の目標を、遊園地やサーカスで活躍する、世界一の竹馬乗りを目指すことに変更したらどうでしょう。高い質の竹馬パフォーマンスで観衆に驚きと感動を提供できれば、それはりっぱな社会貢献です。しかも報酬という個人的な利益も期待できます。

一見すると回り道のようですが、詰まるところ社会への貢献がなければ、自己の利益もない、このように考えるべきです

figure

適切な方向とは

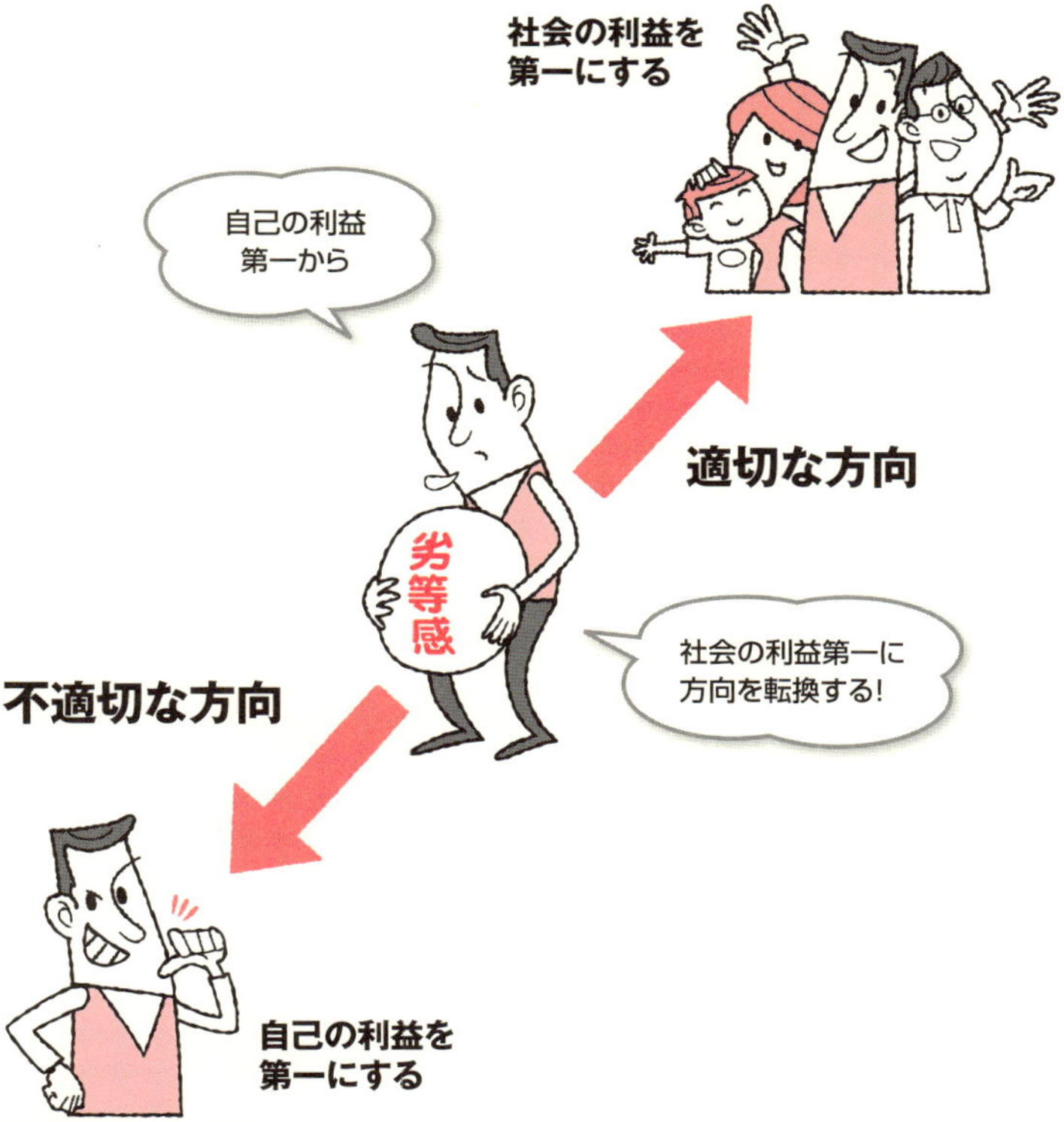

Question?

括弧の中に適切な言葉を入れてください。

劣等感を補償する不適切な方向は、「①　　　　　」を第一にしています。
劣等感を補償する適切な方向は「②　　　　　」を第一にしています。

答え：①自己の利益　②社会の利益

CHAPTER 3
5

劣等感を克服するポジティブな態度

ポジかネガかを説明スタイルで判定する

劣等感の補償が負の方向に向かいやすい人は、ものごとを**ネガティブ**にとらえる傾向が強いようです。これが正しいとすると、**ポジティブ**な気の持ち方をすることで、劣等感の補償を正の方向に向けやすくなるでしょう。

自分がポジティブな性格かネガティブな性格か、見極める簡単な方法があります。何かに失敗したときや成功したときに、物事をどのようにとらえるか、その**説明スタイル**から判定する方法です。

説明スタイルの判定に用いるのが「**永続性**（永続的・一時的）」「**普遍性**（普遍的・特殊的）」「**個人度**（内的・外的）」の三つの基準です。

たとえば何か失敗したとします。ネガティブな性質の人は、「永続的（いつもそう）」で「普遍的（なんでもそう）」で「内的（自分自身の能力による結果）」だと考えます。

逆に何かいいことが起こると、「一時的（今回限り）」で「特殊的（この件に限り）」で「外的（自分以外が引き起こした結果）」と考える傾向にあります。

これに対してポジティブな人は、何かに失敗しても、「一時的（今回限り）」で「特殊的（この件に限り）」で「外的（自分以外が引き起こした結果）」と考えます。

逆に何かいいことが起こると、「永続的（いつもそう）」で「普遍的（なんでもそう）」で「内的（自分自

figure

ネガ子さんとポジ美さん

相変わらずダメだわ。（永続的）	ま、こういうこともあるわ。（一時的）
ほんと何をやってもダメ。（普遍的）	難しい問題だったからね。（特殊的）
私って本当にダメな人間だわ。（内的）	そうそう、問題のせいよ。（外的）

ネガ子

ポジ美

Question?

どうしても受かりたかった試験に落ちた場合、あなたはどのような説明スタイルをとりますか。自分で分析してみてください。

身の能力による結果)」と考える傾向にあります。

あなたは「ネガ子」さん
それとも「ポジ美」さん

もう少し具体的に説明するために、ある資格試験に合格あるいは不合格した、ネガティブ系の「ネガ子」さんと、ポジティブ系の「ポジ美」さんの説明スタイルを比較してみましょう。

【合格の場合】

ネガ子「今回は本当についていたわ。(一時的)。まぐれとしかいいようがない(特殊的)。試験問題のおかげ(外的)」

ポジ美「やったー、今回も合格(永続的)。何をやってもバッチリじゃない(普遍的)。私ってサイコーだわ(内的)」

【不合格の場合】

ネガ子「相変わらずダメだわ(永続的)。ほんと何をやってもダメ(普遍的)。私って本当にダメな人間だわ(内的)」

ポジ美「ま、こういうこともあるわ(一時的)。難しい問題だったからね(特殊的)。そうそう、問題のせいよ(外的)」

いかがでしょう。ネガ子さんとポジ美さんの説明スタイルが、合格の場合と不合格の場合で逆になっているのがわかります。しかも注目したいのは、合格(あるいは不合格)という同一の現象に対して、2人が180度異なる受け止め方をしている点です。

もちろん受け止め方は変えられます。私たちはポジ美さんにもネガ子さんにもなれます。もちろん、劣等感の補償を正の方向に向かわせるためにも、私たちはものごとを前向きにとらえる**ポジ美さん**になるべきです。

アドラーからポジティブな態度を学ぶ

CHAPTER 3 6

ポジティブな性格 アルフレッド・アドラー

アドラーはとてもポジティブな性格をしていたといいます。このような話があります。

アムステルダムの銀行家の奥方で友人でもあるF夫人の家にアドラーが招待された日のことです。招待された人々は、一度街に出て、それから再びその家に戻ってくることになっていました。その間、5歳の坊やは家で留守番でした。

しばらくして皆が家に戻ってくると、お茶を飲むつもりだった居間の床に、おもちゃがところ狭しと散らかっていました。もちろん坊やの仕業です。

F夫人は上気して、今にも坊やを叱りつけんばかりの勢いです。するとアドラーが坊やに近づいてこう言いました。

「上手におもちゃを広げたね。同じように上手におもちゃを集められるかな?」

おもちゃは1分もたたないうちに元あった棚にかたづけられたということです。

この場合、私たちはF夫人と同様、散らかったおもちゃを否定的にとらえるのが一般的でしょう。しかしアドラーは肯定的、ポジティブにとらえ、おもちゃのかたづけを前向きな作業に変えたわけです。

また、アドラーに師事した心理学者アルフレッド・ファラウは、アドラーがイソップ物語の「2匹のカエル」という話をよく語っていたと記しています。

それは次のような話です。

ミルクがいっぱい入った壺の縁を、二匹のカエルが跳び回っていました。突然、二匹とも壺の中に落ちてしまいました。一匹は『もうおしまいだ』と泣きました。ゲロゲロと鳴いて、溺れ死ぬ覚悟をしました。もう一匹はあきらめませんでした。何度も何度も脚をばたつかせて、とうとう、もう一度足が固い地面につきました。何が起きたと思いますか？　ミルクがバターに変わっていたのです。

『アドラーの思い出』P81

ファラウは第二次世界大戦中、ナチスに捕らえられダッハウの強制収容所送りになった経験をもつ人物です。

その強制収容所でファラウは、無気力になっている人たちの前で、アドラーから聞いたこの「2匹のカエル」の話をして、大勢の人の心を揺さぶった、と当時を振り返っています。

ポジティブ思考のメリットとは何か

ここに次の二つの生き方があります。皆さんならばどちらを選びますか。

①私はどちらかといえば、悲しく、ふさぎ込み、文句を言い、怒り狂う生活をしていたい。

②私はどちらかといえば、楽しく、快活で、夢あふれ、喜びをわかち合える生活をしていたい。

圧倒的に②を選ぶ人が多いはずです。このように私たちは、生得的により健康的な生き方、ポジティブな生き方を選択するようにできています。

また最近の研究では、ポジティブな生活が寿命を長くし、幸福な生活に結びつくことが科学的にわかってきています。ポジティブ思考の利点は、劣等感をプラスの方向に向けるだけではないようです。

figure

ポジティブ思考のメリット

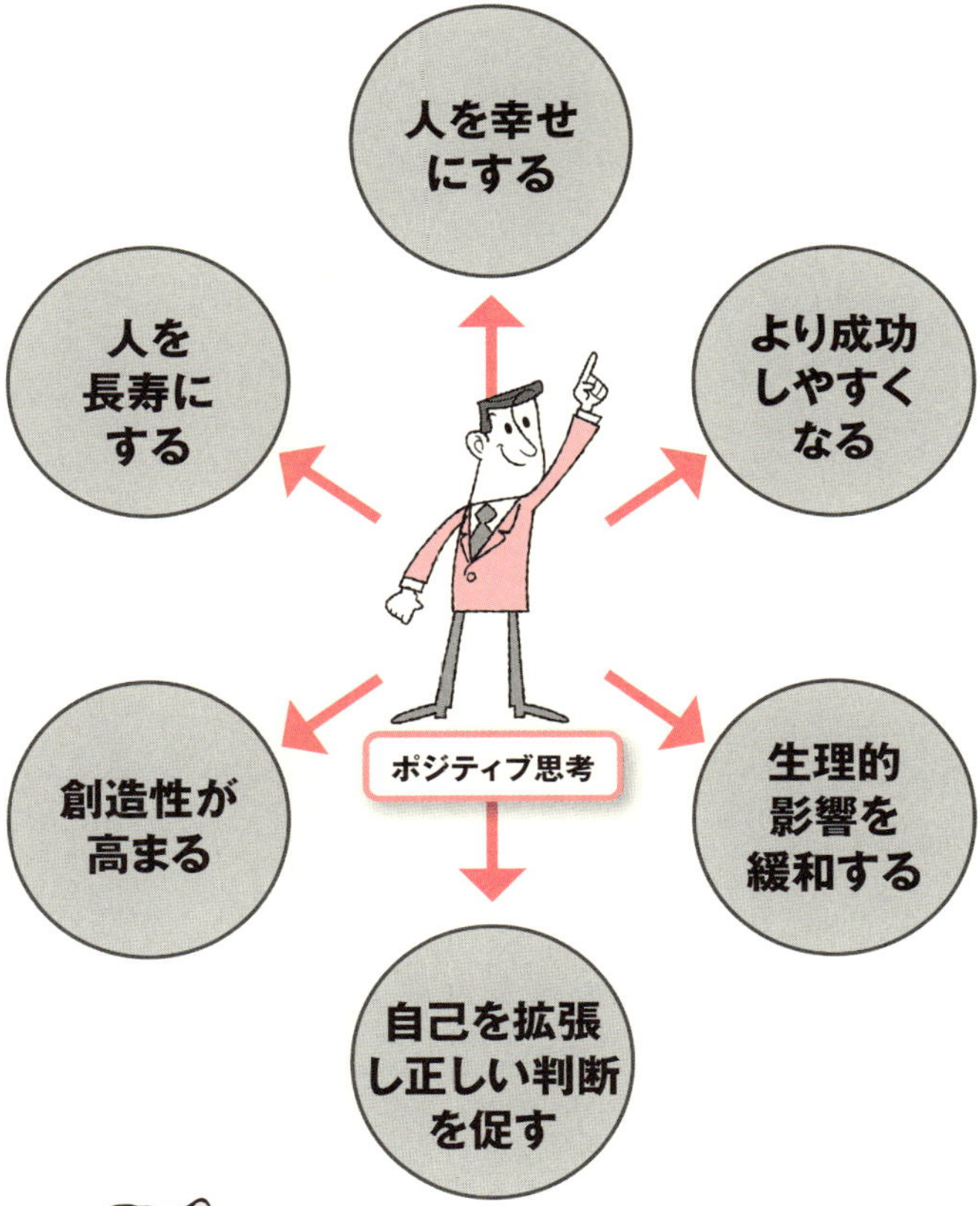

CHAPTER 3 7

ネガティブ思考を克服する「論理思考」

ポジティブ思考のほうが良いとはわかっていても、やはり物事をネガティブにとらえてしまうという人も多いに違いありません（御安心ください。筆者もその傾向があります）。そのような人にＡＢＣＤＥモデルというお勧めの方法があります。

ＡＢＣＤＥモデルは心理学者アルバート・エリスが開発したものです。この手法では、私たちが現実を把握する際に用いる非論理的思考や自己矛盾に注目し、その欠陥を論理的に考え直して、物事に対する正しい解釈を導き出します。これにより、間違っていた解釈やそこから生まれたネガティブな感情を改善します。この方法を用いた心理療法を**論理療法**といいます。

ＡＢＣＤＥモデルという呼称は、非論理的思考を正す手順の頭文字からとっています。手順は次のとおりです。

A（困った状況／Adversity、Activating Event）……直面する困った状況について考える。

B（思い込み／Belief、Belief System）……困った状況下で機械的に抱く思い込みを列挙する。

C（結末／Consequence）……思い込んだ結果、抱く感情を列挙する。

D（反論／Disputation）……思い込みに対する反論を行う。

E（元気づけ／Energization、Effect）……反論したあとの元気づけを行う。

figure

ABCDEモデルの実践

A	困った状況	
B	思い込み	
C	結末	
D	反論	
E	元気づけ	

Question?

あなたが最近直面した困った状況を思い出してください。それに基づいて上記の空欄を埋めて、ABCDEモデルを実践してみてください。

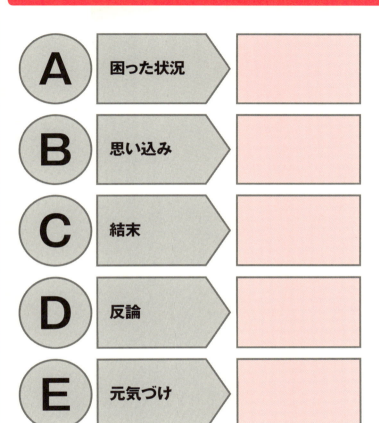

では具体例を用いながら、ABCDEモデルを実行してみます。ここでは、資格試験で不合格になったネガ子さん（3-5節）のケースを利用しましょう。

ネガティブ思考をABCDEモデルで修正する

まず、「**困った状況**」です。ネガ子さんの場合、試験に落ちたことが困った状況です。この状況下でネガ子さんは、「相変わらずダメだわ。ほんと何をやってもダメ。私って本当にダメな人間だわ」と機械的に考えました（**思い込み**）。

次にその思い込みから抱く感情を列挙します。悲しい気分や自分に対する情けなさ、怒りなどを列挙できるでしょう（**結末**）。

そうしたら「**反論**」に移ります。ネガ子さんは、本当に「相変わらずダメ」で「何をやってもダメ」だったのでしょうか。過去を振り返れば、別の試験に合格したこともあるはずです。物事が首尾良くいったこともあるはずです。そうだとしたら、「相変わらずダメ」や「何をやってもダメ」は成立しません。

さらに「私って本当にダメな人間だわ」といいますが、これも本当でしょうか。そもそも、たった1度試験に落ちたぐらいで「本当にダメな人間」とレッテルを貼るのは行き過ぎでしょう。いわば過剰な反応です。いかがでしょう。ネガティブ思考をこのように論理的に批判して、論破していくわけです。

それでは最後に「**元気づけ**」を行います。ネガ子さんは「相変わらずダメ」でも「何をやってもダメ」ではありません。たまたま今回の試験がダメだっただけです。ましてや「私って本当にダメな人間」でもありません。1度試験に落ちたぐらいでダメ呼ばわりされたら迷惑です。

このように、自分を元気づけるわけです。そうすると、ネガティブ思考から発生した負の感情が軽減され、物事を前向きにとらえられるようになります。

chapter 4

自分の「ライフスタイル」を見つめ直す

アドラー心理学のキーワードの一つであるライフスタイルとは、その人がもつ人生の目標や人生の歩み方を指します。本章ではアドラーの考えた適切なライフスタイル、不適切なライフスタイルを明らかにします。

CHAPTER 4 1

決定論と目的論

決定論から目的論へ物事の見方を変える

私たちは第2章で、**不適切な目標**を**適切な目標**に置き換えられることを確認しました。また、第3章では、同じ物事でも**ネガティブ**にとらえたり、**ポジティブ**にとらえたりできることを学びました。以上からわかるのは、物事を見たりとらえたりする際の態度によって、私たちがとる行動や、私たちがもつ感情に、大きな違いが出てくるという事実です。

決定論と**目的論**も私たちが物事をとらえる際に採用する態度です。両者は本章のテーマである**ライフスタイル**を理解する上で重要な考え方です。

決定論とは、世の中のあらゆる出来事を原因と結果で説明する態度です。「両親の不仲のせいで不良になった」「教育制度のせいでできの悪い生徒が増えた」のように、何らかの現象（結果）を原因と結びつけて考えます。

これに対して目的論は、人がとる行動やそこから生じる結果は、その人がもつ目的や目標に従った結果だとする立場をとります。転んだ子どもが大きな声で泣いたとします。決定論的な物の見方では、「転んで痛かったから泣いた」となるでしょう。これに対して目的論的な物の見方をすると、「母親の注意を引きたい（目的）から泣いた」と考えることもできるわけです。

アドラーは徹底した目的論者でした。これはアドラーが個人心理学の核となる部分に目標を据えたこ

figure

決定論・目的論

決定論

特定の原因を根拠に結果を説明する。

目的論

目的を根拠として現在の行動を説明する。

Question?

括弧の中に適切な言葉を入れてください。

人は「　　」に向けて生きる。これがアドラー心理学の基本的な立場です。

答え：目標

とからも理解できます。アドラーは言います。

すなわち人間の精神生活というものは、目標によって規定されているのである。どんな人間も、これらすべてが自分の目指す目標によって規定され、条件づけられ、制限され、方向づけられるということなしに、考えることも、感じることも、欲することも、そればかりか夢見ることもできない。（中略）個人心理学は、人間の精神のあらゆる現象を、一定の目標に向けられたものと受けとるのである。

『人間知の心理学』P21

アドラーの言葉にある「目標」は「目的」と言い換えてもよいでしょう。さらにアドラーは、目的論に対峙する決定論を批判してこう述べています。

個人心理学が決定論を突き崩すのは、ここにおいてである。どんな経験であれ、それ自体が成功の原因でも失敗の原因でもない。われわれは、自分たちの経験のショック――いわゆる外傷《トローマ》――に苦しめられるのではなく、その経験のなかからちょうど自分の目的に合致するものを見つけ出すのである。われわれは、われわれが自分の経験に与える意味によって自ら決定した者（self-determined）である。

『人生の意味の心理学』P15

自らの経験に自ら意味を与える

前章では、同一の物事に対して、人は異なる反応をする点について見ました。つまり外部からの働きかけにどう反応するかは、その人が決めることです。これがアドラーの言う「自分の経験に与える意味」です。そしてその経験に与えられる意味は、人がそれぞれもっている目的や目標によって変化します。次節ではこの点についてさらに見たいと思います。

ものごとの見方を変える
CHAPTER 4 2

刺激と反応の間にある自由意思

私たちは外部からの働きかけに対して何かの反応をします。何かの現象を経験して、そこから何らかの感情が生まれるのも、刺激に対する反応です。

しかしながら、この「刺激→反応」は決して機械的に行われているわけではありません。**経験**（刺激）と**感情**の生起（反応）の間には、もう一つ重要な働きがあります。経験に対する**理解**あるいは**解釈**です。

私は昨日の朝に蜘蛛を見ました。「朝蜘蛛は縁起が良い」という言い伝えがあります。だから私はちょっと嬉しい気分になりました。このように「朝蜘蛛を見る」という経験と、「嬉しい気分になる」という感情（反応）の間には、朝蜘蛛に対する解釈が働いています。

一方で私は、昨日の夜にまたしても蜘蛛を見ました。どうやら朝見たのと同じ蜘蛛のようです。「夜蜘蛛は縁起が悪い」という言い伝えがあります。ですから私はちょっと嫌な気分になりました。

ここでも「夜蜘蛛を見る」という経験と、「嫌な気分になる」という感情（反応）の間には、夜蜘蛛に対する解釈が働いています。しかも、同じ蜘蛛ながら、解釈が異なるため、朝とは正反対の「嫌な気分」という感情が生じています。

つまり、ある人がある経験に対してとる反応には、経験に対する解釈というその人の**自由意思**が働いているわけです。この自由意思は誰からも侵害されないものです。詳しく説明しましょう。

ヴィクトール・フランクルの壮絶な経験

アドラーに師事した心理療法家ヴィクトール・フランクルは、アルフレッド・ファラウ（3-6節）と同じく、第二次世界大戦中に強制収容所送りになり、戦後、奇跡的に生還した人物です。強制収容所での経験を綴った著作『夜と霧』は、世界的なベストセラーとなり、現在も読み継がれています。

フランクルは同書の中で、あまりにも過酷な状況下にある抑留者であっても、人間の精神的自由は「最期の瞬間までだれも奪うことはできない」（P112）と述べています。また、別の著作では次のように述べています。

自分が何になるかは、その人が自ら決めるのです。強制収容所という、あの現実に存在した実験室、試験場において、わたしたちは、一部の仲間たちがまるで豚のように行動し、その一方で他の仲間たちが聖人のようにふるまうのを目撃しました。わたしたちの内部にはこの二つの可能性があるのです。そのうちどちらが現実となるかは、条件ではなく決心にかかっています。

『ロゴセラピーのエッセンス』P75〜76

つまり極めて過酷な抑留生活であっても、その解釈は、その人の「**自由意思＝決心**」に委ねられているのだ、とフランクルは言うわけです。

そして、経験の解釈は、その人がもつ、その人ならではの物の見方、あるいは生きる流儀によって変化します。アドラーは、その人がもつこの**ライフスタイル**こそが、経験の解釈を決定づける根本的要因だと考えました。次節では、このライフスタイルについて解説することにしましょう。

figure

刺激・解釈・反応

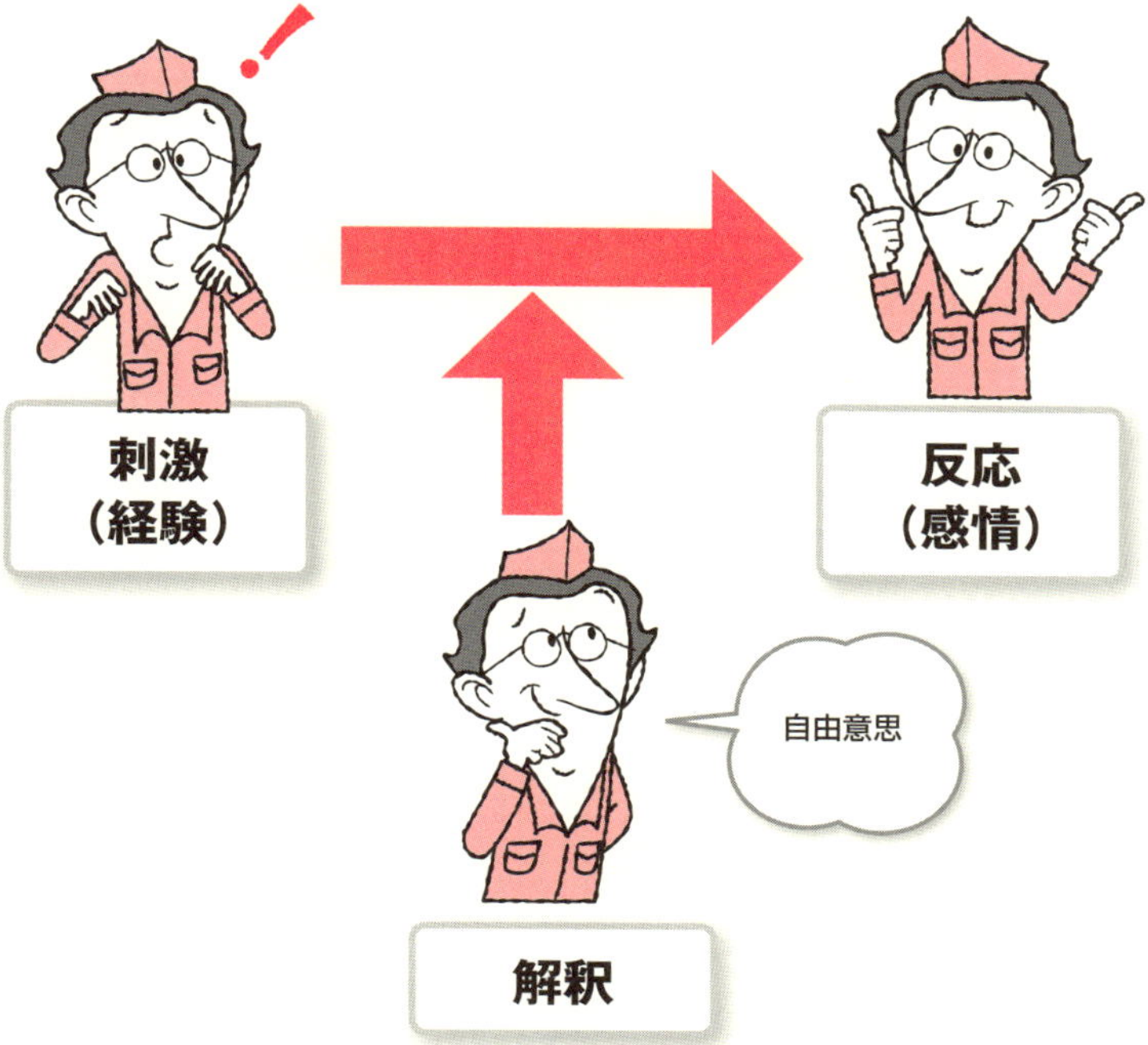

刺激と反応の間には、刺激に対する解釈が存在する。解釈はその人の自由意思に委ねられている。したがって、解釈を変えることで反応も変えられる。

CHAPTER 4 3

ライフスタイルとは何か

虚構ながら役に立つライフスタイル

ライフスタイルとは、その人がもつ人生に対する**根本的態度**です。人生における根本的な目標や、目標にアプローチする態度まで含めた考え方です。

第2章では目標について検討しました。そこで扱った目標は、ライフスタイルがもつ目標よりもより表面的で、容易に意識化できるものでした。

一方、ライフスタイルは、当事者でもその存在に気づかず、意識の深いところに潜在します。アドラーによると、このライフスタイルは、幼児期の4、5歳（近年のアドラー心理学では10歳頃）までに形成され、その人の生き方に多大な影響を及ぼすと考えられています。

このライフスタイルは、その人が知らないうちに選択し、作り出したいわば**虚構**です。アドラーはそれを**子午線**みたいなものだといいます。

子午線は実際に存在するものではありません。虚構です。しかし虚構ながら、子午線は現在地や特定の場所を指定するのに非常に役立ちます。人がこうした虚構や仮説を設けるのには、次のような理由があります。

> それでもわれわれがそうするのはただ、人生というカオスのなかで方向を定めるためであり、計算を始められるためである。
>
> 『人間知の心理学』P85

figure

子午線とライフスタイル

子午線

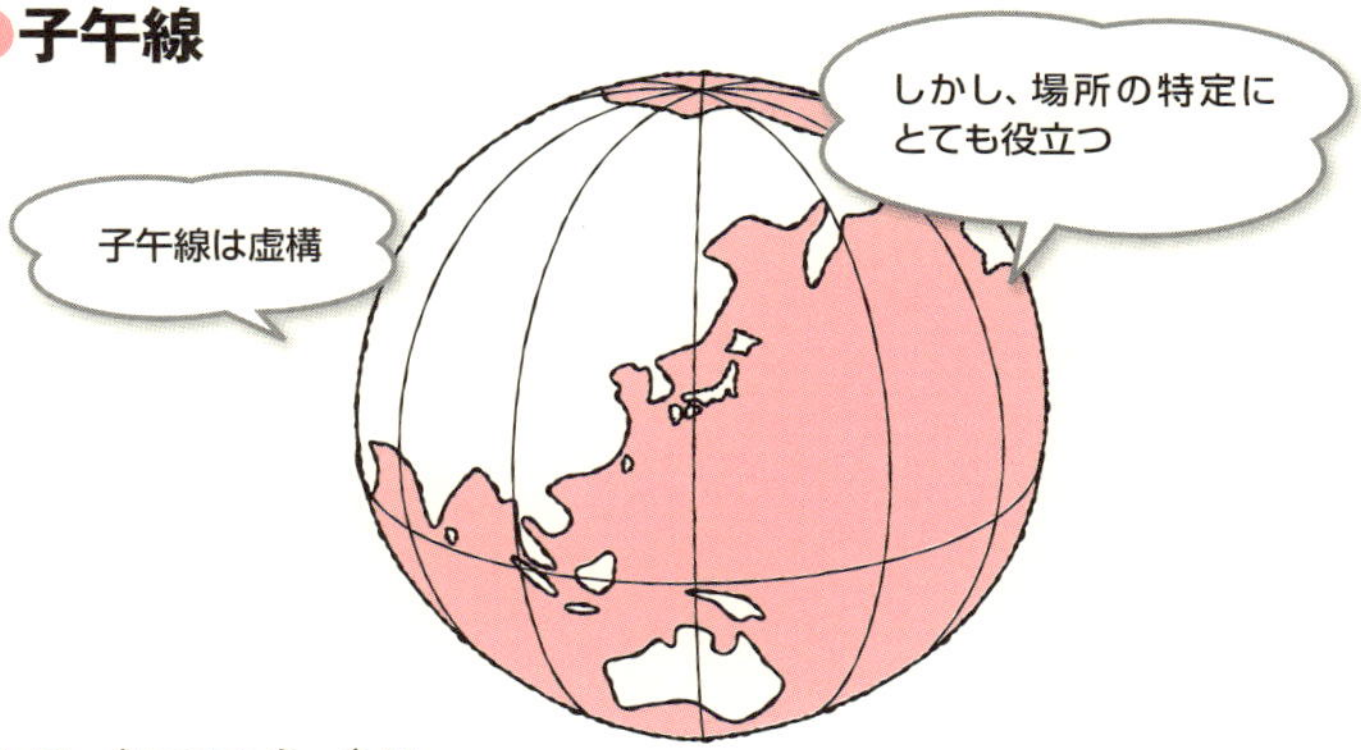

ライフスタイル

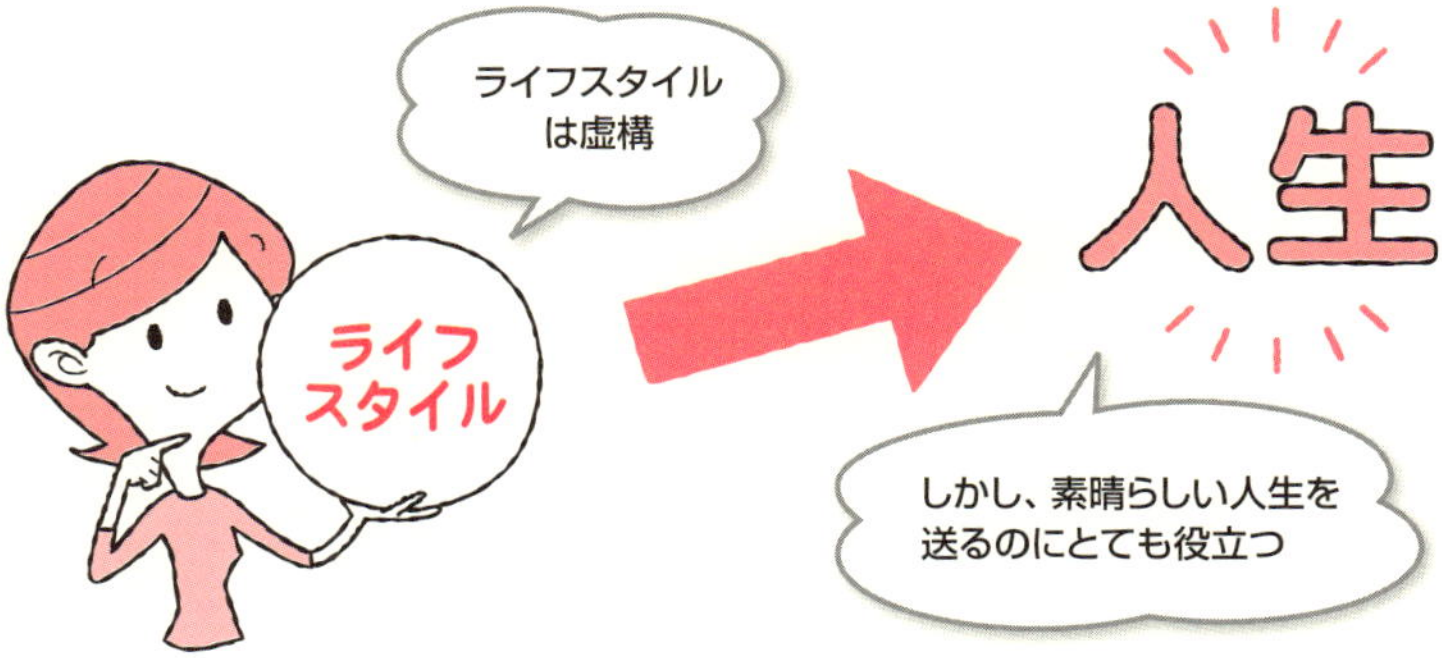

Question?

括弧の中に適切な言葉を入れてください。

ライフスタイルとは、その人がもつ人生に対する「①　　　　　」です。人生における根本的な「②　　　」や、目標にアプローチする「③　　　」まで含めた考え方です。

答え：①根本的態度　②目標　③態度

ライフスタイルも同様です。「人生というカオスのなかで方向を定める」ために、ライフスタイルという虚構は威力を発揮します。なかでも適切なライフスタイルであれば、充実した人生を送るための隠れた羅針盤になります。

ライフスタイルと早期回想

アドラー心理学では、「その人の目標を知らなければ、その人の行為や行動を理解することはできない」（1―2節）と考えますから、人生の根本的な目標を含むライフスタイルを知ることなくして、その人の行動や心理も解明できません。

そこでアドラーは、人がもつ**最初の記憶**または**初期の記憶**に着目します。最初の記憶は、その人の主観的な人生の出発点であり、ライフスタイルを単純な形で表現する、とアドラーは考えたからです。

最初の記憶は、その個人の根本的な人生観を、彼の態度の最初の満足ゆく結晶を示してくれる。それは、われわれに、彼が何を自分の発達の出発点としたかを一目で見る機会を与えてくれる。

『人生の意味の心理学』P85

アドラーはこの最初の記憶について理解することを**早期回想**と名づけました。最初の記憶は、現実にあったかどうかはあまり問題ではない、とアドラーはいいます。というのも、「記憶というものは、それらがそうだと『思われている』ことゆえに、それらの解釈ゆえに、そして、それらが現在および未来の人生に対して持っている関連のゆえに重要」（前掲書P21）だからです。

最初の記憶を通して、その人が何を自分の発達の出発点としたか――。

この点を分析することでその人が選択したライフスタイルが見えてきます。

早期回想を解釈する

CHAPTER 4
4

アドラーが示した早期回想の具体例

前節ではアドラーが、**早期回想**からその人のもつライフスタイルを分析したと書きました。もっともアドラーは、早期回想だけを手がかりにしたわけではありません。

その人の生い立ちや日頃の行動、症状、関連する人々の証言、家族布置、両親の行動、夢などから、総合的にライフスタイルを解釈しました。早期回想はその中でも重要な位置を占めるということです。

一例として、早期回想の具体例とそれに対するアドラーの解釈を紹介します。まず、アドラーが記すある女性の早期回想です。

私の妹と私とは、家族のなかで一番年少だったので、私は学校に行くことを、妹が行ける歳になるまで、許されなかった。（中略）従って私たちは、同じ日に（筆者注：学校に行き）始めました。

『人生の意味の心理学』P88

この早期回想からアドラーは、家族が妹のほうを大事にし、自分をないがしろにしたと彼女は感じた、と推測します。そして彼女が、無視されたことについて母親を非難し、父親に気に入られようと努力したとしても不思議でないと考えます。

さらに、彼女が年下の女性を嫌ったり、若い女性に劣等感をもつようになったりすることもある、とアドラーは指摘しています。

非行少年を叱らず勇気づけたアドラー

次に12歳の少年マイケルの早期回想です。彼は非行少年団に属し、盗みで何度も捕まっています。

僕達がリトル・フォールに住んでいるとき、僕達はよく西瓜を盗んだのを覚えている。

僕が小さかった頃、床にネズミの穴があって、僕がその中にマッチを差し込んでたら、その一本がベッドに落ちて燃えてしまった。兄ちゃんが一階に下りて行って、父ちゃんを連れてきた。

『アドラーのケース・セミナー』P242

最初に紹介した女性のケースでは、早期回想のみからライフスタイルを推測したアドラーですが、こちらのケースでは他の情報も利用しています。

右の早期回想については、まず、「盗んだ」ではなく「盗んだのを覚えている」という表現に注目しています。この他人事のような表現に、マイケルが非行少年団の影響を受けて催眠状態にあるのではないか、とアドラーは推測します。

また、「兄ちゃんが一階に下りて行って、父ちゃんを連れてきた」という表現から、この子は何か事故が起きても誰かがいつも助けてくれると信じている、とアドラーは考えました。自分の劣等感を克服せず、前向きに何かに取り組むことを恐れているようです。

アドラーは、情報を総合的に分析して、このマイケル少年が、他者のリーダーシップを好むあまり自分を見失っていると判断します。そして父親に、少年を罰するのではなく、「お兄さんや非行少年仲間の手を借りなくとも自分自身で何でもできるくらい強いのだ、ということを彼に確信させてあげなければなりません」（前掲書P246）と勇気づけの大切さをアドバイスしています。

figure

アドラーの早期回想

元気な兄や病気、死に対する劣等感からアドラーは病や死を克服する医者になる。

Question?

あなたの最初の記憶、初期の記憶を思い出してみてください。アドラーが言うように、その記憶は実際にあったものでなくても構いません。その記憶は何を意味するのでしょうか。

CHAPTER 4 5

コモンセンスとライフスタイル

コモンセンスに準じた適切なライフスタイル

目標と同じく**ライフスタイル**にも適切なものとそうでないものがあります。適切なライフスタイルは**コモンセンス**に準じたものです。これに対して不適切なライフスタイルは**私的論理**に従います。ここではまず、コモンセンスに準じた適切なライフスタイルについて検討しましょう。

第3章で述べたように、アドラーは人がもつ**劣等感**に注目しました。人は器官的劣等性を補償するために**共同体**を形成するようになりました。それは何万年、何十万年も前のことかもしれません。

明らかなのは人類が共同体を形成したのは極めて古い時代だということです。そして注目すべきは、いまだに人類は、家族や国家という共同体を形成して生きているという事実です。要するに私たちは、共同体なくして生きられない、そんな定めを何万年、何十万年も前から背負っています。

仮に人が共同体に所属することなしに生きていくのが困難だとしたら、人の幸福は共同体との関係に大いに左右されるでしょう。アドラーがこのように考えたとしても不思議はありません。

こうしてアドラーは、**コモンセンス**に着目することになります。

コモンセンスとは、**共同体すなわち社会にとっての善**です。社会が善としてとらえるものです。

私たちがもつライフスタイルが、コモンセンスに

figure

ポジティブ心理学が整理した24の「美徳」

コア領域	品性・徳目	概要
智恵と知識	独創性	新しいアイデアを好む
	好奇心	常に世の中に好奇心をもつ
	クリティカル思考	必要に応じて合理的に判断する
	向学心	何か新しいことを学ぶことが好きだ
	大局観	物事をよく見て冷静に判断する
勇気	勇敢	強い抵抗にあう立場をとることができる
	勤勉	物事を最後までやり抜く
	誠実性	いつも約束を守る
	熱意	傍観者ではなく自ら参加する
人間性と愛	愛情	ほかの人を温かく受け入れる
	親切	積極的に人に手を差し伸べる
	社会的知能	社会の変化に適合する
正義	市民性	グループの一員として全力で働く
	公平性	誰にでも平等に接する
	リーダーシップ	誰とも仲間である意識をもつ
節度	寛大	過去のことは過去のこととして考える
	謙虚	自分の実績を自慢したことはない
	慎重	慎重に行動する
	自己制御	感情をコントロールできる
超越性	審美心	美しいものに接すると心を打たれる
	感謝	人に対してお礼を言う気持ちを忘れない
	希望	いつもものごとの良い面を見る
	ユーモア	笑わせることで明るくする
	精神性	人生にはっきりした目的をもっている

出典：島井哲志『ポジティブ心理学入門』を基に作成。

このような「コモンセンス＝美徳」に従ったライフスタイルをもっていると、社会と適切な関係を結べる。

従っている限り、社会と適切な関係を取り結べます。社会やそこに暮らす人々と私たちの関係が不和になることもありません。何しろ社会が善とするものに従っているのですから。

コモンセンスにはどのようなものがあるのか？

では、コモンセンスとは、具体的にどのようなものを指すのでしょうか。「人は殺してはいけない」「人のものを盗んではいけない」、あるいはもっと身近なものとして「人が並んでいる列に割り込まない」などども、コモンセンスの一例でしょう。

こうした禁止のほかにも、共同体が絶対的に価値を置くコモンセンスがあります。たとえば真実や正義、美などはその一例です。

現代心理学の一分野である**ポジティブ心理学**では、人類が価値を認める**美徳**を24種類列挙し、それらを六つの上位概念に集約してまとめています。

・知恵と知識（独創性、好奇心、クリティカル思考、向学心、大局観）
・勇気（勇敢、勤勉、誠実性、熱意）
・人間性と愛（愛情、親切、社会的知能（情動知能））
・正義（市民性、公平性、リーダーシップ）
・節度（寛大、謙虚、慎重、自己制御）
・超越性（審美心、感謝、希望、ユーモア、精神性）

『ポジティブ心理学入門』P155

ここに列挙した美徳は、**社会が善と考えるコモンセンス**だと考えて問題ないと思います。

私たちがもつライフスタイルが、ここに列挙した「美徳＝コモンセンス」によりよく従っているほど、社会との適切な関係を結べるはずです。その意味で美徳リストは、私たちのライフスタイルを検証する上で重要なキーワードになると思います。

私的論理とコモンセンス

CHAPTER 4 6

あまりにも多い、私的論理で生きている人

続いて**不適切なライフスタイル**について考えてみましょう。不適切なライフスタイルとは、コモンセンスに基づいていないもの、**私的論理**に基づいたライフスタイルです。

私的論理とは自己の利益のみを第一に考える生き方です。共同体よりも自己を優先しますから、コモンセンスが欠如した状態だといえます。アドラーは私的論理で生きている人を次のように表現しました。

彼らが自らの目標を達したときに、彼ら以外の誰も利益を受けないし、彼らの関心はただ彼ら自身にしか及ばないのである。彼が成功しようと努力するその目標は、虚構の個人的優越にすぎず、彼らの勝利は彼ら自身にとってだけ何か意味あるものにすぎない。

『人生の意味の心理学』P8

私たちはすでに自己の利益を第一に考える態度について見てきました。**劣等コンプレックス**や**優越コンプレックス**に基づいて生きている人々でした（3-4節）。

劣等コンプレックスとは、劣等感の補償を正の方向ではなく負の方向に向けることでした。また、優越コンプレックスは劣等コンプレックスの一種で、劣等感を安易な方法で補償する傾向を指します。あの**竹馬男**（3-3節）を思い出してください。

自分の劣等感を表に出したくないから自宅に引きこもる人、自分の弱さを隠すため徒党を組んで暴力を振るう人、こうした劣等コンプレックスや優越コンプレックスに動かされて生きている人は、おしなべて**自己の利益**を第一にしていました。つまり、彼らは私的論理に基づいて生きていたわけです。

そして、自己の利益を第一にしながら、利益を得ているように見えて、実は本当の利益を得ていないのがこの人たちでした。

貢献なしに利益は得られない

一方で、劣等コンプレックスや優越コンプレックスから脱却するにはどうすべきだったか――。

そうです。自分の利益ではなく、社会の利益に貢献することでした。これは言い換えると、**コモンセンス**に従って生きることを意味します。さらに重要なことを思い出してください。自分の利益でなく、社会の利益に貢献することで、結果的にその人に、社会から感謝の言葉や報酬が与えられました。

そもそも、社会という共同体は、何か貢献してくれた人に対して感謝の意を示します。感謝だけで足りない場合、報酬も支払うことがあるでしょう。

では、皆さんは、何も貢献しない人に報酬を支払おうとしますか。普通はしませんよね。

しかし私たちはこの極めて基本的な事実を忘れがちです。貢献しない人には報酬を支払わないのに、貢献する前に、何かを奪おうとします。与える前に、何かを得ようとします。実はこれが私的論理を前提にした生き方です。

一見遠回りのように思えますが、自己の利益を得ようとするならば、社会の利益にいかに貢献できるのか、この点を先に考えなければなりません。これを習慣にすれば、私的論理にとらわれない適切なライフスタイルをもてるようになります。

figure

私的論理とコモンセンス

●私的論理

自己のみの利益追求
＝
不適切なライフスタイル

劣等コンプレックスや
優越コンプレックスはこのタイプ

●コモンセンス

社会の利益を優先
＝
適切なライフスタイル

Question?

括弧の中に適切な言葉を入れてください。

私的論理とは「　　　　　　」のみを第一に考える生き方です。社会の利益に貢献する生き方とは逆の生き方です。

答え：自己の利益

甘やかされた人・無視された人

CHAPTER 4 7

甘やかされた人や無視された人のライフスタイル

アドラーは私的論理に基づいたライフスタイルをもちやすいタイプとして、甘やかされて育った人や無視されて育った人を挙げています。

甘やかされて育った人は、大人になってからも、自分の世話をする存在として他者を見る傾向が強くなります。そのため、「私はあなたに対して何ができるのか」よりも、「あなたは私に対して何ができるのか」を要求する傾向が強くなります。

これが極端になってしまうと、「社会や人に対して何ができるか」よりも「社会や人からいかに搾取するか」を求める傾向が強くなります。これは自己の利益を第一にする**私的論理**に基づく態度だということがわかります。

一方、**無視されて育った人**は、愛することや互いに協力することの大切さを学ばずに成長する傾向が強くなります。周囲が自分に冷たかったため、社会が自分に冷たいのも当然のこととして受け止めます。このような人が、そんな冷たい社会や周囲の人に貢献しようと考えるようになるのは、なかなか困難です。無視されて育った人について、アドラーは次のように述べています。

社会が自分に冷たいのが分かっていて、いつも冷たいと予想しています。特に、他者に役に立つ行為をして愛情と評価を手に入れることができるとは見て

figure

アドラーのカウンセリング手順

1 関係

クライエントと「よい関係」を築く

2 目標

クライエントの私的論理と隠された目標を見つける

3 洞察

クライエントが理解するのを助ける

4 再方向付け

クライエントがより良い目標を見つけるのを手伝う

Question?

括弧の中に適切な言葉を入れてください。

アドラーのカウンセリングは、「①　　」、「②　　」、「③　　」、「④　　」という四つの手順を踏みます。

答え：①関係　②目標　③洞察　④再方向付け

いません。ですから、他者を疑い、自分自身を信頼できないでしょう。『アドラー心理学入門』P114

このような深刻なケースでは、私的論理が悪で、コモンセンスが善だと説いても、なかなか理解してもらえないかもしれません。しかしそれでも、ライフスタイルは変えられます。

アドラーの採用したカウンセリングの手順

実際、アドラーは、多くのカウンセリングを通じて、相手とまずは良好な関係を取り持ち、その人がもつライフスタイルについてじっくり考え、その人がもつ目標や態度が適切でないことを理解するよう促し、その上で適切なライフスタイルの構築へ方向づけをしてきました。

以下に示すのは、アドラーが採用したカウンセリングの一般手順です。

①**関係**：クライエントと「よい関係」を築く
②**目標**：クライエントの私的論理と隠された目標を見つける
③**洞察**：右記についてクライエントが理解するのを助ける
④**再方向付け**：クライエントがよりよい目標を見つけるのを手伝う

私的論理の虜になっている人とともに、適切な道筋を一緒に見つけ出し、その方向に一歩踏み出せるよう背中を押してあげる。これがアドラーの実践した心理療法です。

社会との関係がうまく構築できないと悩んだら、自分自身が私的論理の虜になっていないか疑ってみるのが重要ではないでしょうか。

CHAPTER 4 8 「ありがとう力」を徹底的に高める

大切なのは、もっと「ありがとう」と言われること

自分のライフスタイルを詳細に分析するのは、なかなか困難な作業かもしれません。しかしながら4−6節から、ライフスタイルは大きく2種類に分類できることがわかりました。一つは**私的論理**に基づく不適切なライフスタイル、もう一つは**コモンセンス**に基づく適切なライフスタイルです。

したがって、不適切なライフスタイルを適切なライフスタイルに改善するには、自己の利益を追求する態度を取り止めて、社会の利益に貢献する態度に切り替えることが鍵になります。それはコモンセンスに奉仕して、その増大に貢献する態度と言い換えられます。そうすると他のメンバーから次のような言葉をかけられるはずです。

「素晴らしい」
「助かったよ」
「ありがとう」
「また頼むわ」

こんな言葉をかけられたら、誰しももっと社会に貢献したくなるでしょう。

繰り返し述べているように、実社会では、人の貢献に対して感謝の言葉だけでは足りない場合、私たちは貢献に対する報酬として金銭を受け取ります。

大きな貢献をすれば、それだけ多くの人から「ありがとう」という言葉をもらえるでしょう。結果としてそれが、自分の報酬として跳ね返ってきます。

社会への貢献力が高い、いわば「ありがとうと言われる力」すなわち「**ありがとう力**」が高いほど、多くの報酬を得られる可能性が高まるわけです。

あたりまえのことなのですが、この点はとっても重要です。

世の中には「金が欲しい」という人はごまんといるでしょう。しかし「もっとありがとうと言われよう」と考えている人は、あまりお目にかかりません。

「金が欲しい」とは自己利益を優先して考える、私的論理に基づく態度です。一方で、「もっとありがとうと言われよう」とは、社会という共同体への貢献を優先して考える、コモンセンスに基づく態度です。取ることではなく与えることを優先する態度です。

社会に貢献する力を高めるにはどうすべきか

以上から次のことがわかります。

社会に貢献する力を高めれば、結果として、より多くの報酬が受けられる可能性が高まるということです。では、どうすれば社会に貢献する力を高められるでしょうか。

一般的に私たちは、**仕事**を通じて社会に貢献します。そして、自分にとっての仕事とは、自分が価値あると思う分野で、自分の能力（**強み**）を存分に発揮する活動を指します。

したがって、社会に貢献する能力を高めようとするならば、自分の強みをもっと強化して、より大きな貢献をできるよう、自分自身を磨かなければなりません（この点については第6章でさらに詳しくふれたいと思います）。

アドラーは、人生には三つの課題があると述べました。**共同体生活**、**仕事**、**愛**がそれです（第5章）。この中の「仕事」とは、私たちが所有する、社会に貢献する能力を生かす活動です。仕事を通じて、より多くの「ありがとう」を手にしましょう。

figure

「ありがとう力」を高める

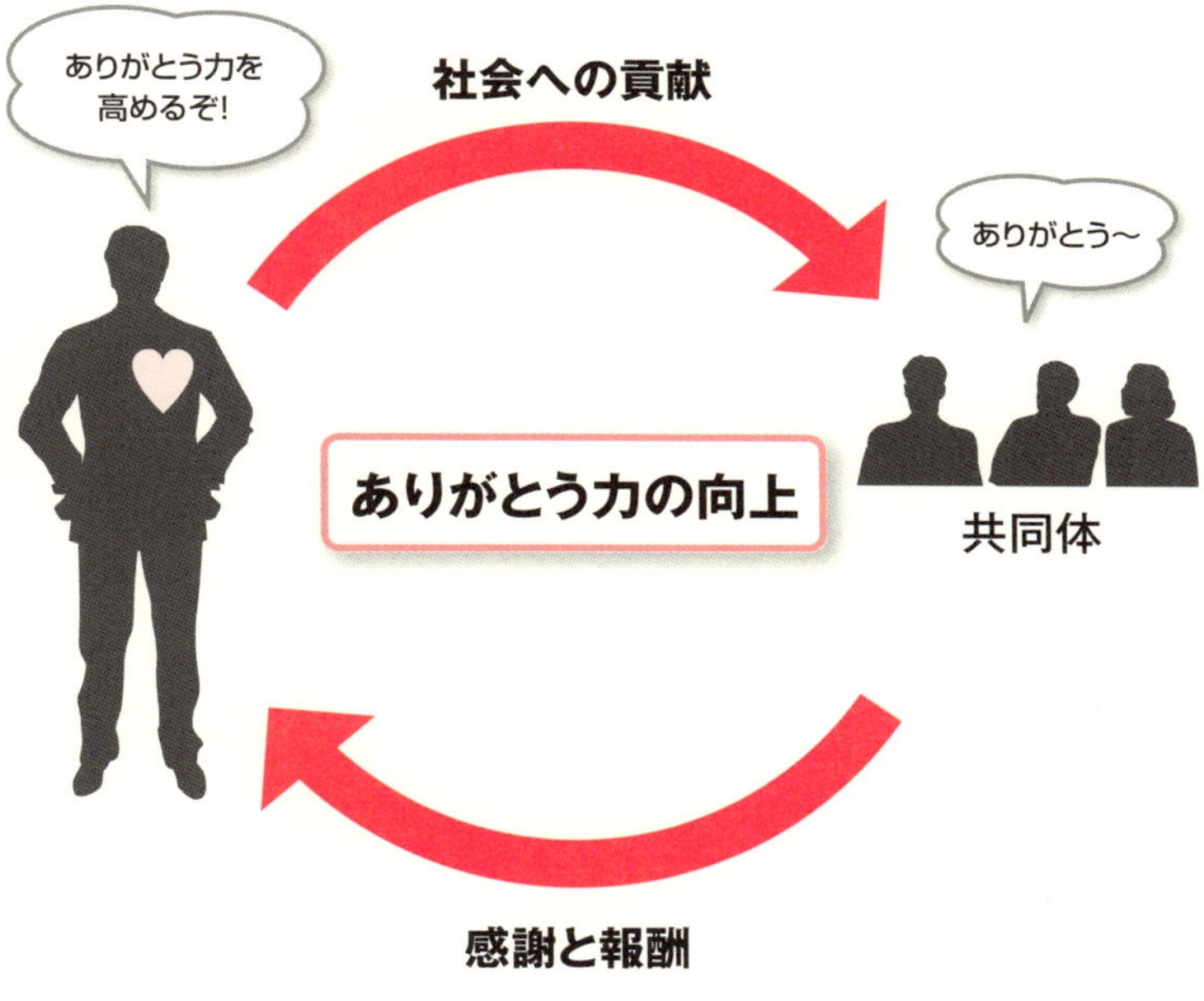

「ありがとう」を言われるには、まず貢献ありき。

Column
自然の結末

アドラーは、著作の中でたびたび**甘やかされて育った人**（4-7節）の弊害について記しています。甘やかされて育った人は、大人になっても自分の思うとおりに周囲の人を支配でき、また、欲しいものがいつでも手に入ると勘違いします。

甘やかされた人には親の側にも問題があります。親ならば誰しも可愛い我が子が困った目に遭わないで欲しいと願うでしょう。そのため親は、子どもが困った目に遭わないように気配りします。これが子どもの甘やかしにつながります。

課題を区別する

甘やかしを避けて、子どもの主体性を育てるには、子どもに**自然の結末**を学ばせることが大切です。

子どもには、朝起きる、学校に行く、宿題をする、といったように子どもの課題があります。親は子どものことが心配ですから「もう起きなさいよ」「遅れるから早く学校に行きなさい」「宿題を先に済ますのよ」と、いろいろ口出しをします。

自然の結末では、まず、**自分の課題**と**相手**（他人）**の課題**（子どもの課題）を区別するようにします（2-2節）。そして課題が自分のものならば他の誰かに干渉されないようにします。また、その課題が相手のものならば、たとえ親でも口出しをしないようにします。

仮に朝起きられなかったら学校に遅れるでしょう。これが自然の結末です。宿題をしなかったら、先生に叱られるでしょう。これも自然の結末です。

このように自然の結末を自分自身で体験させることは、甘やかしを回避し、子どもが自ら選択する主体性を育みます。

chapter

5

自己実現のための「人生の三つの課題」

アドラーは共同体生活、仕事、愛を「人生の三つの課題」と考えました。本章ではこれらの課題にいかに取り組むのかを考えた上で、これらの課題が共同体感覚と深く結びついている点について解説します。

人生の三つの課題

CHAPTER 5 1

個人心理学は、これら3つの主要問題――つまり、仕事、仲間、性――のひとつに属さないようないかなる人生の問題をも知らない。

『人生の意味の心理学』P7

このようにアドラーは、**共同体生活**（交友・社会との関係）、**仕事**、異性との**愛**や結婚を、**人生の三つの課題**と呼びました。

3－1節で述べたように、身体能力に劣等感をもつ人間は、1人で生きるのではなく、集団を組むことで生存競争に打ち勝ってきました。人間が社会的存在であることは太古から連綿と続く事実です。人間は共同体なしでは生きられない生き物です。

人にとって不可欠な共同体を破壊するのは比較的

私たちの人生には大きく三つの課題がある

適切で意味のある人生を送るには、**コモンセンス**に従った**ライフスタイル**を築くことが欠かせません。私たちは、この適切なライフスタイルで、次々と現れる人生の課題に取り組みます。この点に関してアドラーは次のように述べています。

私は前々から、すべての人生の問いは、三つの大きな課題、即ち、共同体生活、仕事、愛の問題に分けられるということを確信してきた。

『生きる意味を求めて』P35

figure

人生の三つの課題

共同体生活	仕事	愛
人や社会と良好な関係を結ぶ。	仕事を通じて社会に貢献する。	パートナーとの愛を育む。

↓

人生の三つの課題

人生の三つの課題とは共同体生活、仕事、愛を指す。これらに正面から取り組むことが、幸せな人生をおくる秘訣になる。

容易です。共同体の中で生きている人が、自己の利益に従って、他者から得ることばかりを考えればよいのです。誰もが相手から搾取することばかり考えれば、共同体は早晩成立しなくなります。

人は誰しも何らかの共同体に属して生きていきます。この事実から逃れることはできません。

それならば他者といかに良好な関係を結ぶかということが、よりよい人生を歩む上での大きな課題となります。これが人生の三つの課題の一つである**共同体生活**です。

共同体の生産性を高める分業パートナーや家族との愛

共同体を維持するのみならず、共同体の生産性を高めるために、人間は**分業**という仕組みを発見しました。1人の人間があらゆる仕事をこなすのは困難です。またあらゆる人が同じ仕事をするのも非効率的です。それよりも猟に行く人、食事を作る人、道具を作る人というように、メンバーが助け合って仕事を分担するほうが共同体の生産性は高まります。

しかも人にはそれぞれ得意とする分野があります。それならば、それぞれが得意とする分野を受け持つことで、共同体の生産性はさらに高まるでしょう。

こうして共同体で生きていくには、自分が担当する仕事をまっとうし、共同体に貢献することが欠かせなくなります。これが人生の三つの課題の**仕事**です。

また、共同体の最小単位を考えてみると、それはパートナーとの関係です。さらにパートナーとの関係が発展した家族です。パートナーや家族と良好な関係を結ぶには愛が必要です。こうして**愛**も人生の三つの課題の一つになります。

以下、共同体生活、仕事、愛について、もう少し詳しく解説しましょう。

共同体生活とは何か

CHAPTER 5 2

共同体を機能不全にする公共財の悲劇

公共財の悲劇をご存知でしょうか。これは、1人くらいズルしても分からないだろうという意識が、公共財の成立を不可能にする現象を指します。

たとえば、ある地方に通る鉄道の駅は無人で、客は改札箱に切符を入れる仕組みになっているとします。正直な人は切符を買って、降りた駅の改札箱に切符を入れるでしょう。

しかし、「私1人くらいズルしても分からないだろう」と考えて、切符を買わずに乗車し、降りる際に切符を改札箱に入れる振りをする人が出てきました。このように公共財にただ乗りする人のことを**フリーライダー**と呼びます。

ところが、同様のことを考える人が大勢現れたらどうなるでしょう。それというのも、フリーライダーの存在を知ったら、正直に乗車賃を支払うのがバカバカしくなるからです。こうして鉄道会社は適切な収入を得られず、営業の継続は困難になります。これが公共財の悲劇の典型です。

フリーライダーは自己の利益を第一に考えています。つまり**私的論理**に基づいていることがわかります。この私的論理が公共財である鉄道を機能不全にしたわけです。

では、この鉄道を共同体と考えてみてください。共同体に所属するメンバーが、自己の利益を第一に考え、誰もが共同体から搾取することばかり考えれば、やがて共同体は成立しなくなります。そこに待ち受けているのは公共財の悲劇です。

共同体のコモンセンスに準じて生きる

このように考えると、共同体に生きる人は、まず、共同体に貢献することを考えなければなりません。共同体から「得る」ことを考えるのではなく、まず共同体に「与える」ことを考えねばなりません。私的論理に基づく生き方から、**コモンセンス**に基づいた生き方に態度を変えることです。

これが**共同体生活**の基本になります。つまり共同体生活とは、コモンセンスに従って生活することを意味するのであり、共同体を適切に維持していくために不可欠な態度になります。

とはいえ、一方でフリーライダーがいる中で、コモンセンスに準じて生きるのは、なかなか勇気のいることではないでしょうか。それでもコモンセンスに従って生きることが、最終的には自分の利益になった点を思い出してください。とても重要な個所なので繰り返しましょう（4–6参照）。

そもそも、社会という共同体は、何か貢献してくれた人に対して感謝の意を示し、感謝だけで足りない場合、報酬を支払います。

自分自身が報酬を支払う立場になってみてください。何の貢献もしてくれない人に報酬を支払う人はいないでしょう。これが自明の理にかかわらず、私たちは相手から先に得ようとします。相手から先に奪おうとします。これが私的論理に基づく生き方でした。

しかし、本当に報酬を得ようとする人は、まず社会やコミュニティ、他の人に対して貢献します。その見返りとして感謝の言葉とともに報酬を得ます。

共同体生活では、**共同体を成り立たせているこの原理原則**をまず理解しなければなりません。

figure

公共財の悲劇

●無人駅での鉄道料金

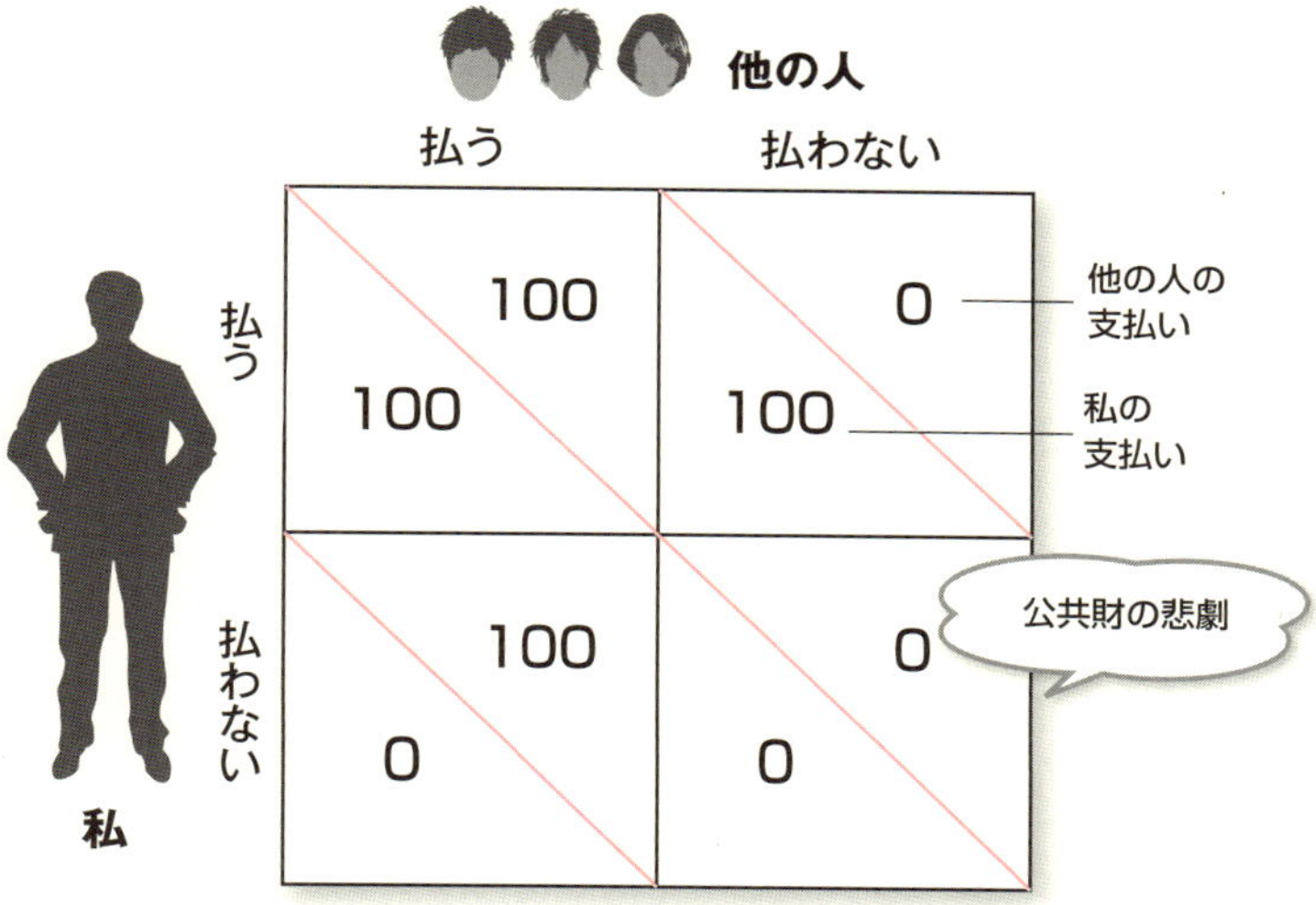
他の人
払う
払わない
払う
払わない
私
100
100
0
100
100
0
0
0
他の人の支払い
私の支払い
公共財の悲劇

1人くらいズルしてもわからないだろうと「私」は無賃乗車する（私ー払わない、他の人ー払う）。しかし「他の人」も私のように考えて無賃乗車をする（私ー払わない、他の人ー払わない）。すると鉄道会社は収入を得られなくなり、鉄道は機能不全に陥る。これが公共財の悲劇なのだ。

皆が自分の利益のみを優先すると、公共財は成立しなくなる。共同体生活を維持していくには、共同体から「奪う」のではなく「与える」ことが大事だ。

CHAPTER 5 3

天職の見つけ方

価値・強み・貢献で自分の天職を考える

共同体に所属する人は、すべからく共同体の利益に貢献する何らかの**仕事**に参画しなければなりません。すでに見たように、共同体は**分業**（5-1節）で成立しています。よって、自分が得意とする分野の仕事で共同体に貢献することが、その人の「**仕事＝天職**」になります。

では、自分にとっての天職について考えてみましょう。

やっていて楽しく充実感を覚える活動は、自分にとって**価値**ある活動だといえます。価値があると思う活動は繰り返し実行することになるでしょう。すると、その分野での知識が増え技術が向上します。これはその人の**強み**になります。

平均的な能力で社会に貢献するよりも、自分の強みを仕事に活かせば、より大きな**貢献**を社会にもたらすことができます。共同体としてはより大きな貢献を得られるのですから願ってもないことです。また、価値ある活動を通じ、自分の能力を存分に活用して、社会に貢献できるのですから、自分自身にもメリットがあります。

このように、自分にとって価値ある活動で、自分の強みを存分に発揮でき、社会に貢献すること、これがその人の天職になります。

4-8節では、「**ありがとう力**」を徹底的に高めることの重要性についてふれました。社会により大き

figure

価値・強み・貢献

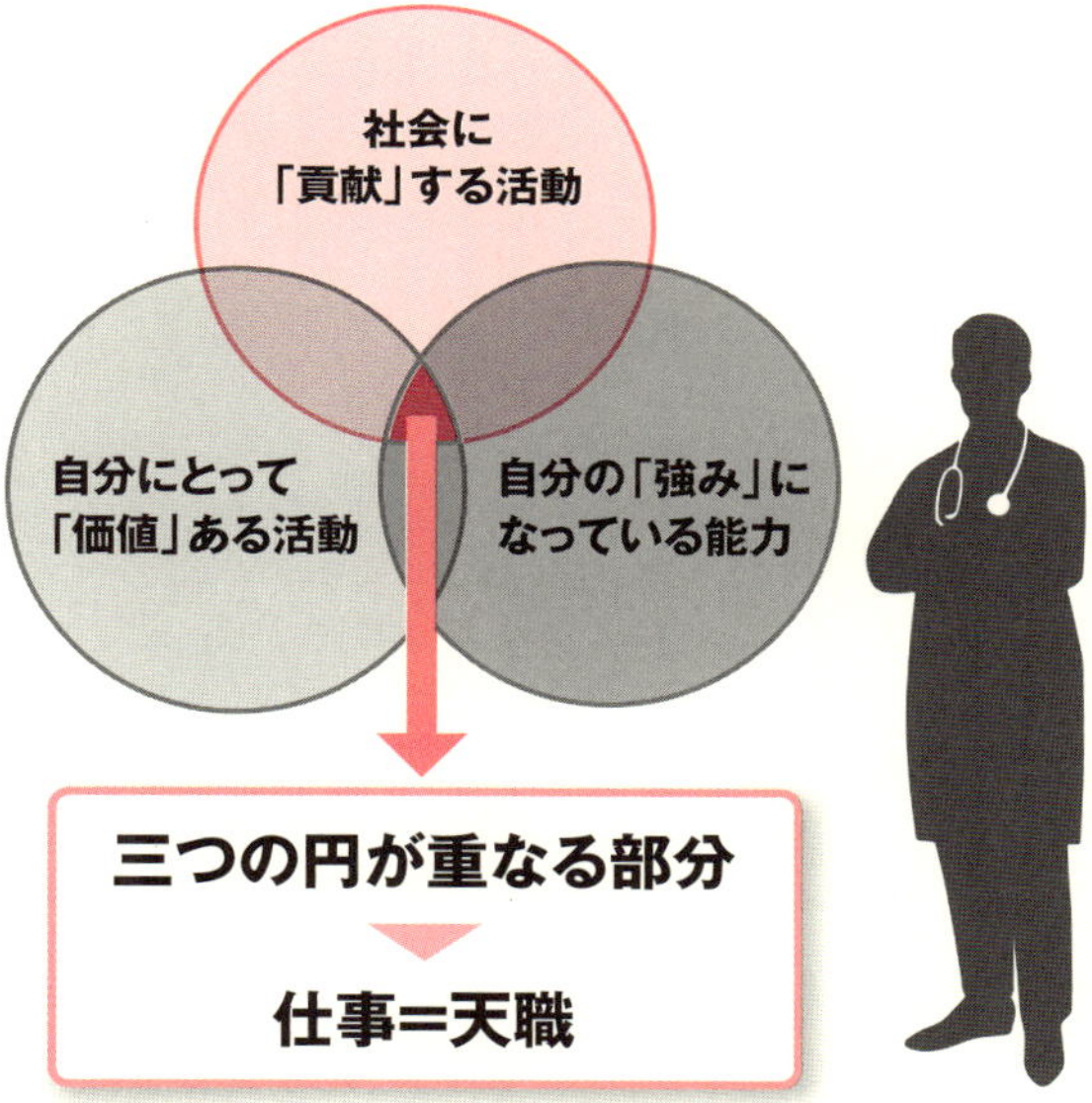

Question?

下記の点について考えてみてください。「仕事=天職」を見つけるヒントになると思います。

●自分にとって価値ある活動とは?

●自分の強みとは?

●上記の二つで社会に貢献できる分野は?

な貢献できれば、社会からより大きな感謝や報酬を期待できるでしょう。

　自分の弱みを利用してより大きな貢献をしようとしても、それは土台無理な話です。より大きな貢献をしようとしたら、自分の強みを活用するよりほかありません。この点について経営学者ピーター・ドラッカーが素晴らしい言葉を残しています。


何事かを成し遂げられるのは、強みによってである。弱みによって何かを行うことはできない。もちろん、できないことによって、何かを行うことなど、とうていできない。　『明日を支配するもの』P194

　私たちが社会で何かの成果を上げようとする場合、自分の「弱み」は用いません。ドラッカーが言うように、優れた成果を達成するには、自分の「強み」を用いる必要があります。

自分の強みがさらに強化される

　社会に貢献すれば、感謝の声や報酬を得られるでしょう。すると貢献した本人は、嬉しい気分と同時にやる気が出てくるに違いありません。そして、もっとうまくやろうと考えることでしょう。

　もっとうまくやろうと考えるということは、自分のもつ能力をもっと向上させることを意味します。これは**自分の強みをさらに強化すること**です。これがさらに社会への貢献度を高めることになります。

　私たちが自分の仕事に自信と誇りをもてるのは、それが共同体や社会に役立っていると実感できるときです。より大きな実感を得るには、自分の強みをさらに強化することが欠かせません。

　この点は幸せな人生を送る上でとても重要になります。第6章ではこの点について、さらに掘り下げて考えたいと思います。

CHAPTER 5 4

パートナーといかなる関係を築くのか

かけがえのないパートナーと築く関係とは

共同体の最小単位はパートナーと作る家庭です。パートナーとは、人生の課題の最後の一つである愛によって結ばれます。その結びつきは、私的論理に基づく結びつきとはまさに逆の関係にあります。

パートナーとの関係が私的論理に基づくものだと想像してみてください。私にとってパートナーは、奉仕してくれる人、何でも言うことを聞いてくれる存在、与えるのではなく奪う対象になります。このような関係から愛は生まれません。

アドラーにも師事した心理学者アブラハム・マズローは、愛について極めて明確に定義をしました。マズローの言葉を紹介しましょう。

愛とは、自我、人格、同一性の拡大と定義してよいであろう。これは、きわめて身近な人びと、たとえば、子どもや妻または夫との関係で、誰しも経験したことがあると思う。

『人間性の最高価値』P246

マズローは愛が「自我、人格、同一性の拡大」だと述べています。これは一体どういうことなのでしょうか。

たとえば、愛する人が危険な目にあったとします。私はハラハラし、無事戻ることを願うでしょう。また、愛する人が大きな挫折を経験したとしたら、私も悲しい気分になるでしょう。

このように、自分が愛する人とは、本来自分とは違う人格であるにもかかわらず、その人の経験があたかも自分の経験のように感じる人のことを指します。だからマズローは愛とは人格の拡大、自分とは異なる人格も自分の一部とみなすことだと述べたわけです。

したがって、自分にとってのパートナーとは、彼/彼女の喜びや痛みが自分ごとのように感じる人のことです。

愛はここに生じます。

愛することは信用ではなく信頼すること

愛することは、相手を深く信頼することです。無条件に信頼することです。この点についてアドラーの次の言葉を引きましょう。

二人の課題は固有の構造を持っており、一人の課題を解決する方法では正しく解決することはできない。この問題を十分に解決するためには、二人はどちらも自分のことをすっかり忘れ、もう一人に献身しなければならない。『生きる意味を求めて』P50

注目したいのは「二人はどちらも自分のことをすっかり忘れ、もう一人に献身しなければならない」という一文です。これは相互が相手を**無条件に信頼**する態度だと言えます。

信用と信頼は別物です。**信用**は担保を裏付けとして相手を信じる態度です。

これに対して**信頼**とは、担保や裏付けなしで相手を心底信じる態度です。

愛するパートナーは信用するのではなく信頼するものです。互いが無条件に信頼するとき、パートナーとの適切な関係、そして愛が生まれると考えるべきです。

figure

人格の拡大としての「愛」

拡大
拡大

互いの人格が相手にまで拡大する
＝
愛

マズローが言った「人格の拡大」という愛の定義は非常に重要だ。ぜひとも理解しておきたい。

共同体感覚とは何か

CHAPTER 5

5

人生の三つの課題に共通して必要なもの

以上、**人生の三つの課題**について見てきました。共同体生活、仕事、愛という人生の三つの課題に取り組むには、いずれにも共通する、欠くべからざるものがあります。それはアドラーが**共同体感覚**と命名したものです。

アドラーは「人生とは仲間の人間に感心を持つこと、全体の一部になること、人類の福祉にできるだけ貢献すること」(『人生の意味の心理学』P8)だと述べました。仲間を手助けし、全体の一部になり、人類の福祉に貢献すると、いずれの場合も何とも言えない充実した感覚が得られるでしょう。

アドラーはこのような感覚を共同体感覚と呼びました。パートナーに無条件に尽くし、予期せずパートナーから感謝の気持ちを伝えられたら、何とも言えない充実した感覚が得られるでしょう。これは共同体感覚です。

仕事を通じて社会に貢献し、大勢の人から感謝の気持ちを伝えられたら、何とも言えない充実した感覚が得られるでしょう。これも共同体感覚です。

見知らぬ人に手を貸してあげ、感謝の気持ちを伝えられたら、やはり何とも言えない充実した感覚が得られるでしょう。こちらもやはり共同体感覚です。

つまりこういうことです。人生の三つの課題に取り組むに当たり、目標とするのは、その活動を通じて共同体感覚を手にできるようにすることです。共

figure

共同体感覚

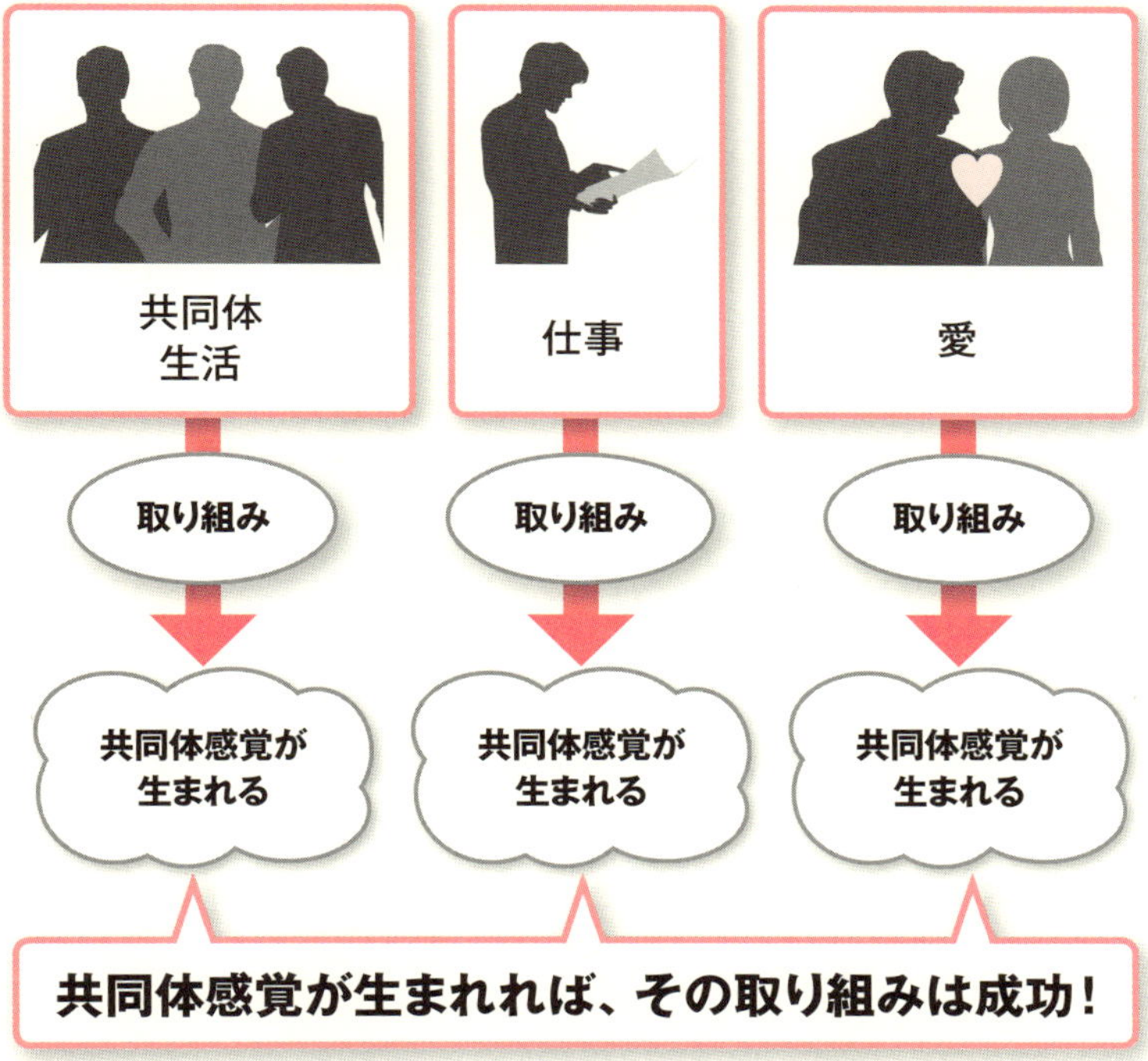

Question?

共同体感覚は、共同体やパートナー、見ず知らずの人に貢献した際に得られる、何とも言えない充実した感覚です。共同体感覚を得られたときの経験を下記に記してみてください。また、同じ経験を再び繰り返すことはできるでしょうか。

同体感覚を得られたとき、その課題は適切にクリアされたことを意味します。

これに対して共同体感覚が欠如した状態を想像してみてください。パートナーと心底愛し合うことはできません。仕事を通じて得られるのは虚しさばかりです。無視した見知らぬ人との間には何の言葉も交わされません。

これでは社会や人と適切な関係は結べず、深い**疎外感**を感じるに違いありません。これは共同体感覚と対立する感覚です。

疎外感と孤独感はまったく別物

ちなみにいま疎外感という言葉を用いました。疎外感と**孤独感**とはまったく別物です。

疎外感とは、人間関係が利害や打算に支配され、人間性を失ってしまったときに生じる感覚です。私的論理に支配された人間関係や社会関係で生じる感覚と言い換えてもいいでしょう。

一方、人間は「今ーここに」にある存在としていかにあるか、いかに生きるかを常に問われています。その瞬間、また次の瞬間で、いかに生きるのか選択を迫られます。

いずれの選択が自分にとって最善なのかは、誰にもわかりません。しかしそれでも人は選択し、その選択に**責任**をもたなければなりません。

この責任は、他者が肩代わりできません。すべて自分自身が背負わなければなりません。このような過酷な状況で生じるのが孤独感です。

共同体感覚があれば疎外感は消滅します。しかし、共同体感覚が十分に存在しても、人が生きている以上、孤独感が消滅することはありません。

しかしながら共同体感覚は、孤独感を癒すのに絶大なる力を発揮します。共同体感覚があれば、孤独感とも正面から向き合えるのではないでしょうか。

CHAPTER 5 6 共同体感覚と社会的に有用な人

アドラーが分類した4種類のパーソナリティ

共同体感覚および社会とかかわりをもつ活動性の2変数をとり、それぞれ「高」「低」のレベルを設けると、4象限のマトリックスを作れます。

アドラーはこのマトリックスで**パーソナリティを4分類**しました（109ページ図参照）。

まず、共同体感覚・活動性ともに低い人です。このような人はゲッターまたは回避者に分類できます。**ゲッター**とは依存者とも呼ばれていて、他者から得ることばかりを考えて、自ら与えることをしない人です。自己の利益を第一に考える、私的論理に支配された人だといえます。

一方、**回避者**とは、社会に依存したいものの、社会から満足な待遇を得られないため、人生の諸問題に取り組まず、目を背ける人です。現実世界から自分をひきこもらせる人は回避者の一類型です。

次に共同体感覚は低いけれど、活動性は高い人です。このような人は**支配的な人**に分類できます。支配的な人は、共同体感覚が低いため、その活動は自己の利益が第一になります。しかも活動は活発ですから、他人を攻撃し、自分の支配下に置こうとしたがります。

またこのタイプの人は権力闘争を好む傾向があります。権力は他人を支配するための有力な手段になるからです。これは**優越コンプレックス**（3−2節）の一種で、アドラーは**権力への意志**と呼びました。

残るタイプは、共同体感覚・活動性ともに高い人です。アドラーは、このようなタイプを、**社会的に有用な人**と呼びました。社会的に有用な人は、活動性が高く、その活動が共同体の利益に直結します。

もう一つのパーソナリティとしての評論家

アドラーは共同体感覚が高い人に、活動性の低い人はいないと判断しました。そのため共同体感覚が高く、活動性の低い象限（マトリックスの左上の象限）は本来空白でした。しかしここにももう一つ別のパーソナリティをあてはめられます。

それは共同体感覚の重要性は知っていても、行動に移そうとはしない人です。この点に関してアドラーは、こんなたとえ話をしています。

ある老婦人が市街電車に乗ろうとしたところ、足を滑らせて雪の中に転げ落ちました。大勢の人が老婦人のそばを通り過ぎます。しかし誰も助け起こそうとはしません。ようやく1人の男が雪の中に倒れている老婦人に手を差し伸べて助けました。するとその瞬間、別の男が飛び出してきてこう言いました。

「とうとう立派な人間が現れましたね。私はもう5分ほど前からそこに立っていて、この婦人を助けてくれる人が現れるのを待っていたのです」

いかがでしょう。この男は共同体感覚の重要性を頭では理解しています。しかし、自ら行動して老婦人を助けようとはしませんでした。

ここでは、共同体感覚に関する高い知識の持ち主も、共同体感覚が高いと定義してみましょう。右の男は共同体感覚についての知識を有していますが、低い活動性しか持ち合わせていません。ですから、アドラーが空白にした象限にあてはまります。

このようなタイプは**行動しない人**あるいは**評論家**として分類できるでしょう。

figure

5種類のパーソナリティ

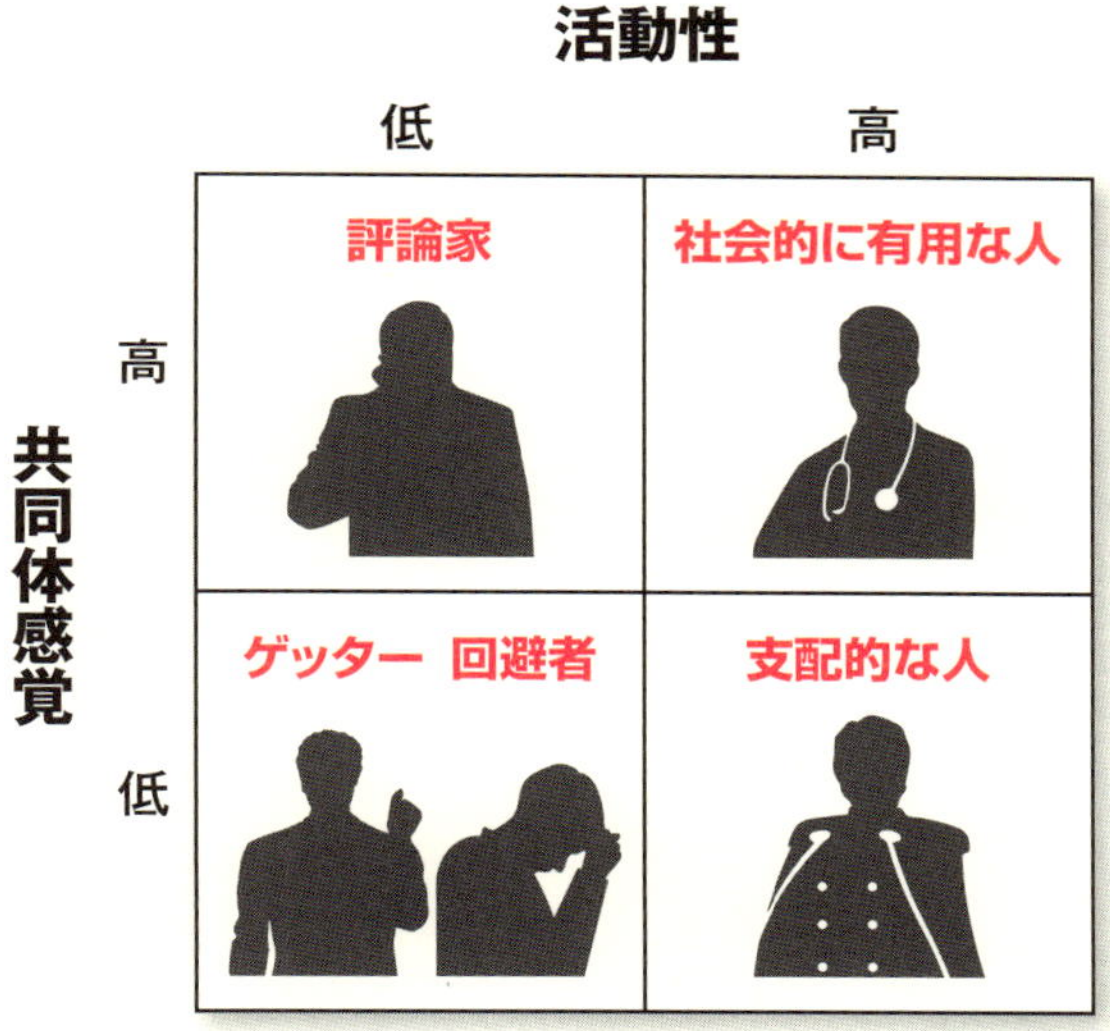
活動性
低
高
共同体感覚
高
低
評論家
社会的に有用な人
ゲッター 回避者
支配的な人

コモンセンスに従ったライフスタイルをもつのは社会的に有用な人

アドラーは、共同体感覚が高い人に、活動性の低い人はいないと判断したため、象限の一つを空白にした。しかしこの象限には「評論家」をあてはめられる。

宇宙まで広がる共同体感覚

CHAPTER 5 7

共同体感覚の本当の意味

本章では人生の三つの課題と、課題への取り組みの際に欠かせない共同体感覚について解説してきました。本章の最後に、**共同体感覚の発展**についてふれておきたいと思います。

共同体感覚の最も小さい形態は、共同体の最小単位であるパートナーとの間に生じるものです。これが子どもも含めた家族へと広がります。

家族のコモンセンスに従って自分の活動を行えば、共同体感覚を得られるでしょう。ただし、家族のコモンセンスが、一つレベルが上の共同体にあたる**地域**のコモンセンスに反していては、地域と適切な関係を取り結ぶことはできません。

また、地域のコモンセンスに従っていたとしても、それが**国家**のコモンセンスに反するものならば、国家社会と適切な関係を結ぶことはできません。もちろん国家のコモンセンスに従ったとしても、それが**世界**や**人類**のコモンセンスに反するのならば、同様の結果を招きます。

このように、私たちのもつ共同体感覚が適切かどうか考える場合、対象となる共同体よりも**高次な次元の共同体**がもつコモンセンスに従っているかを検討することが重要です。

では、対象となる共同体はどこまで広がっていくのでしょうか。アドラーの言葉に耳を傾けてみましょう。

figure

共同体感覚の発展

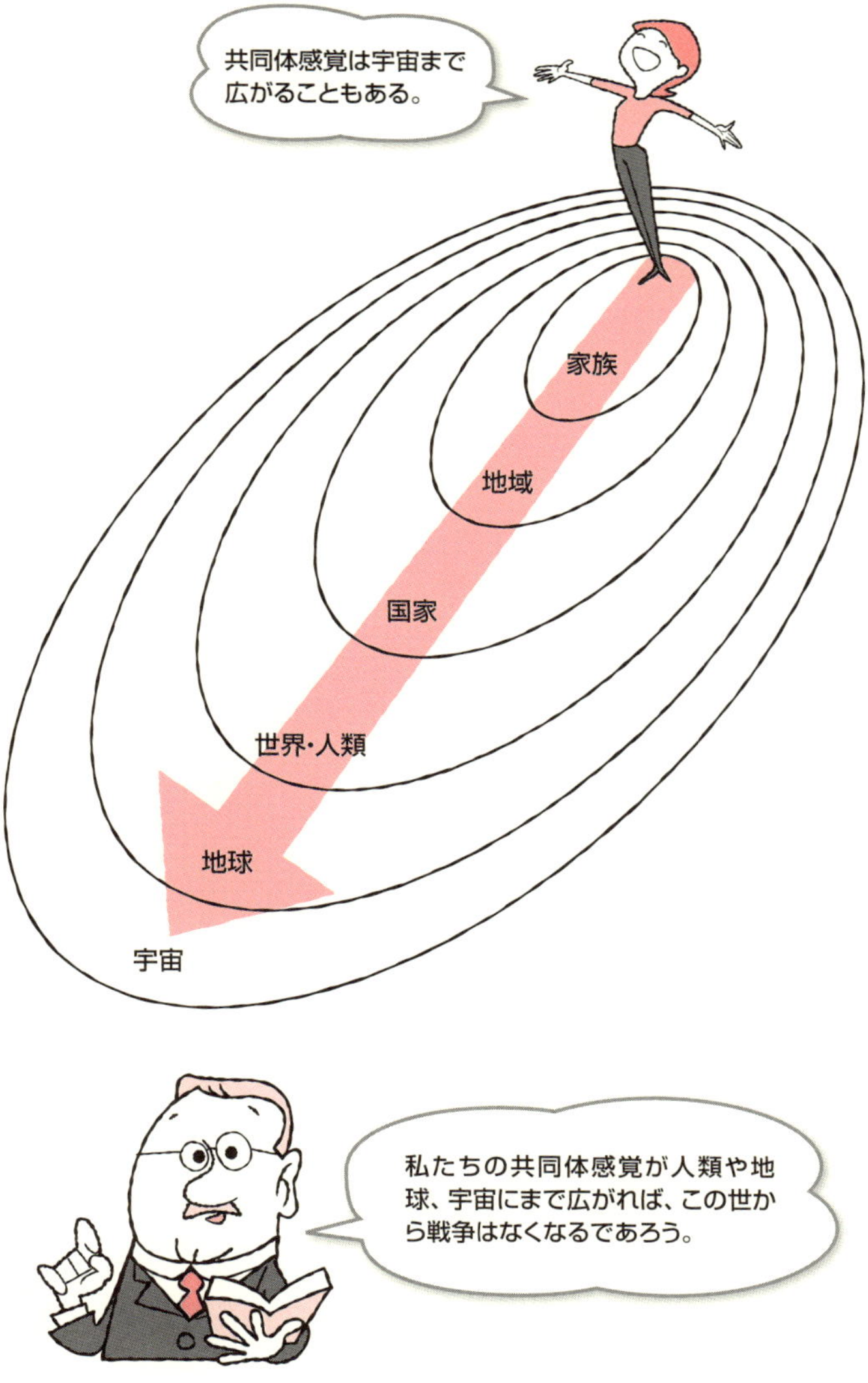

（連帯感や共同体感覚は）それは、ニュアンスを違えたり、制限を受けたり拡大されたりしながら生涯続いていき、機会に恵まれれば家族のメンバーにだけではなく、一族や民族や全人類にまで広がりさえする。それはさらにそういう限界を超え、動植物や他の無生物にまで、遂にはまさに遠く宇宙にまで広がることさえある。

『人間知の心理学』P50

究極は宇宙のコモンセンスとの一体化

このようにアドラーは、**宇宙のコモンセンス**に従うことで、究極的な共同体感覚を手にできると考えました。

確かに、私たちの行動が、人類のコモンセンス、さらには宇宙のコモンセンスに従っていれば、私たちは自分自身が人類や宇宙と一体だと感じるでしょうから、それらを傷つけることなどあり得ません。アドラーが理想とするこのような社会では、地域紛争やテロ、戦争などのない、まさに幸福な世界が実現されるに違いありません。

このようにアドラーは、極めて高邁な理想を掲げた人でした。しかし、宇宙との一体感という、どこか宗教家みたいなことを突然発言するようになったため、アドラーと袂を分かつ同僚も現れました。

可謬主義という立場があります。可謬主義では人間は必ず間違いを犯すという立場をとります。この立場からすると、100%完璧な人間の行為などありません。しかし、100%の完璧さを実現することは不可能だとしても、100%の完璧さを目指すことはできます。

同じことがアドラーの理想にも言えます。全人類が宇宙のコモンセンスに従うことは不可能かもしれません。しかし私たちは、アドラーが示した理想を目指すことはできます。目指すか目指さないかはその人次第です。

chapter

6

価値・強み・貢献

目標は長期のものや短期のものなど様々ですが、人にとって人生の目標は最も長期で最も重要なものになります。本章では価値・強み・貢献から人生の目標について考え、より自分らしく生きる方法について検討したいと思います。

CHAPTER 6 1

人生の目標はどうやって決めるのか

価値・貢献・強みで人生の目標を考える

目標にはスパンによって短期の目標と長期の目標があります。理想的なのは長期の目標があって、最終的にその目標を実現するためのマイルストーンとして短期の目標を設定することです。そうすると、短期の目標を達成するごとに、私たちは長期の目標へと一歩ずつ近づけます。

ここでは長期の目標を**人生の目標**と考えてみましょう。では、私たちはどのようにして人生の目標を見出せばいいのでしょうか。これはなかなか難しい問題ですが、やり方がないわけではありません。

実はその一つについて本書ではすでに紹介済みです。「5−3節　天職の見つけ方」でふれた「**価値・強み・貢献**」に基づく方法です。そもそも天職とは、人生の目標を追求する手段であり、人生の目標の発見と密接なつながりがあります。

まず、自分自身が本当に**価値**のあると思うこと、それを行うこと自体に熱意をもって取り組めて意義や喜びを伴う活動を考えてみてください。

次に自分が価値あるものだと考える活動を実行する能力が、人並みに備わっているかについて検討します。いわばその能力が自分にとっての**強み**かどうかということです。

もっとも、5−3節でも見てきたように、価値ある活動を繰り返すことで、強みはより強化できます。ですからその能力は人並みでも構いません。むしろ

figure

人生の目標

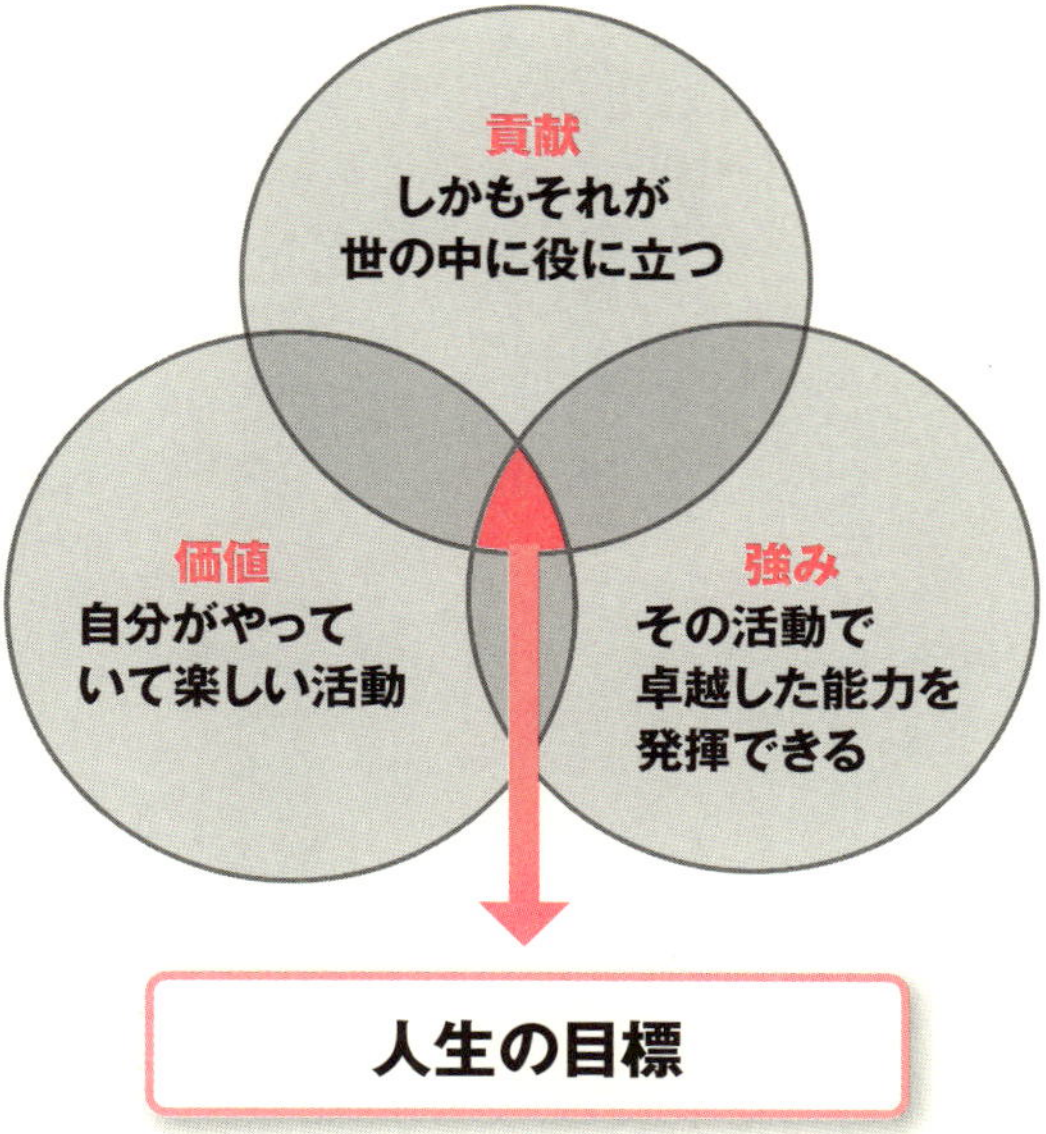

Question?

次の三つについて考えて、人生の目標をイメージしてみてください。
それは「天職」を考えることに通じます(5-3節)。

●自分がやっていて楽しい活動は?

●卓越した能力を発揮できるのは?

●しかもそれが世の中に役に立つのは?

重要なのは、最初に強みに注目するのではなく、自分にとって価値ある活動に注目する点です。

これで自分がもつ「価値」と「強み」を見きわめました。さらにもう一つ、自分の強みを使って、自分にとって価値があると考える活動を通じて、世の中にどう**貢献**するかということを考えなければなりません。つまりこういうことです。

①自分がやっていて楽しい活動において（価値）
②卓越した能力を発揮でき（強み）
③しかもそれが世の中に役に立つ（貢献）

この三つについて考えることが、私たちそれぞれの人生の目標を明確にする作業です。

●明確化の手順は「価値→強み→貢献」で

人生の目標を考える際、明確化の手順は「価値→強み→貢献」の順番で考えるべきです。たとえば、貢献（世の中のニーズ）を優先して考えたとしても、自分の強みが伴わないことも考えられます。仮に伴ったとしても、その活動がどうしても自分の価値に合わないことも考えられます。

そのため、優先するのは、その活動が自分にとって「価値」があるかどうかです。「強み」や「貢献」が先立つのは誤りです。そして、この「価値・強み・貢献」から見出す人生の目標は、その人にとっての**人生の使命**と言い換えることができます。

もっとも、「価値・強み・貢献」で考えれば、人生の「目標＝使命」を即座に発見できるとは限りません。しかし、この三つの基準を用いて、時間をかけて自己を見つめ直せば、自分にとっての「目標＝使命」がきっと見つかるはずです。否、強い意思で見つけ出さなければなりません。なぜなら、**人生の意味**は自らが作り出すものだからです（7−7節）。

子どもの頃になりたかった職業

CHAPTER 6 2

なりたかった職業がもつ価値を考える

前節では「**価値・強み・貢献**」を通じて、自分自身の長期的な目標、いわば人生の目標について考える方法についてふれました。ここでは、子どもの頃になりたかった職業を通じて「価値・強み・貢献」のうちの「価値」について探求する方法を紹介したいと思います。

アドラーは、私たちがもつ最も初期の記憶をたどることで、その人の**ライフスタイル**を明らかにできると考えました。これを**早期回想**といいました（4−3節）。

アドラーは最も初期の記憶が次の二つの理由で非常に注目すべきだと述べています。

第一に、そのなかには、その個人と彼の状況に関する根本的な見解が含まれている。（中略）第二に、それは、彼の主観的な出発点、彼が自分自身のために描いた自伝の始まりである。

『人生の意味の心理学』P21

この早期回想は自分が就く職業にも応用できるように思います。それは私たちが小さい頃、最初になりたいと思った職業について思い出すことです。

スポーツ選手、ケーキ屋さん、芸能人、昆虫博士、漫画家、医者、看護師、パイロット、警察官――。人によってなりたかった職業は様々なはずです。

それでは次に、子どもの頃になりたかった職業がもつ価値を五つ考えます。たとえば医者や看護師ならば「命を救う」「人を助ける」「人の支えになる」「人のためになる」「困っている人に手をさしのべる」などの価値をもつでしょう。

またスポーツ選手ならば「集団（または個人）で行動する」「フェアプレーを心がける」「注目を集める」「人々に感動を与える」「身体を動かす」などの価値があります。

自分が知らずうちに見出していた価値

とはいえ、子どもの頃になりたかった職業に、今現在就いている人（あるいは就ける人）はきわめて希だと思います。そこで重要になるのが、職業そのものではなく、その**職業がもつ価値**です。

子どもの頃に夢見た職業とは、すでに幼児期において、それが自分にとって価値のある特徴を備えた活動だったと考えるのが妥当です。いわば**幼児期の自分が無条件で受け入れた価値ある活動**です。

そして、アドラーが早期回想を重視したように、幼児期に価値があると感じた活動は、大人になってからの価値観にも強い影響を及ぼすと考えられます。

たとえば、子どもの頃に医者になりたかった人が、現在、消防士として活躍しているとします。医者と消防士では職業がまるで異なります。

しかし、この人が消防士を職業として選んだのも、ある意味で納得できます。というのも、いずれの職業も、「命を救う」「人を助ける」という、共通する価値を有しているからです。

このように、幼児期になりたかった職業がもつ価値が、**理由もなく大切にしている自分の価値**だとすると、その価値に従う（例えば職を選ぶ）ことは理にかなっています。その価値に従って、残りの強みと貢献を考えてみてはいかがでしょう。

figure

職業版の早期回想

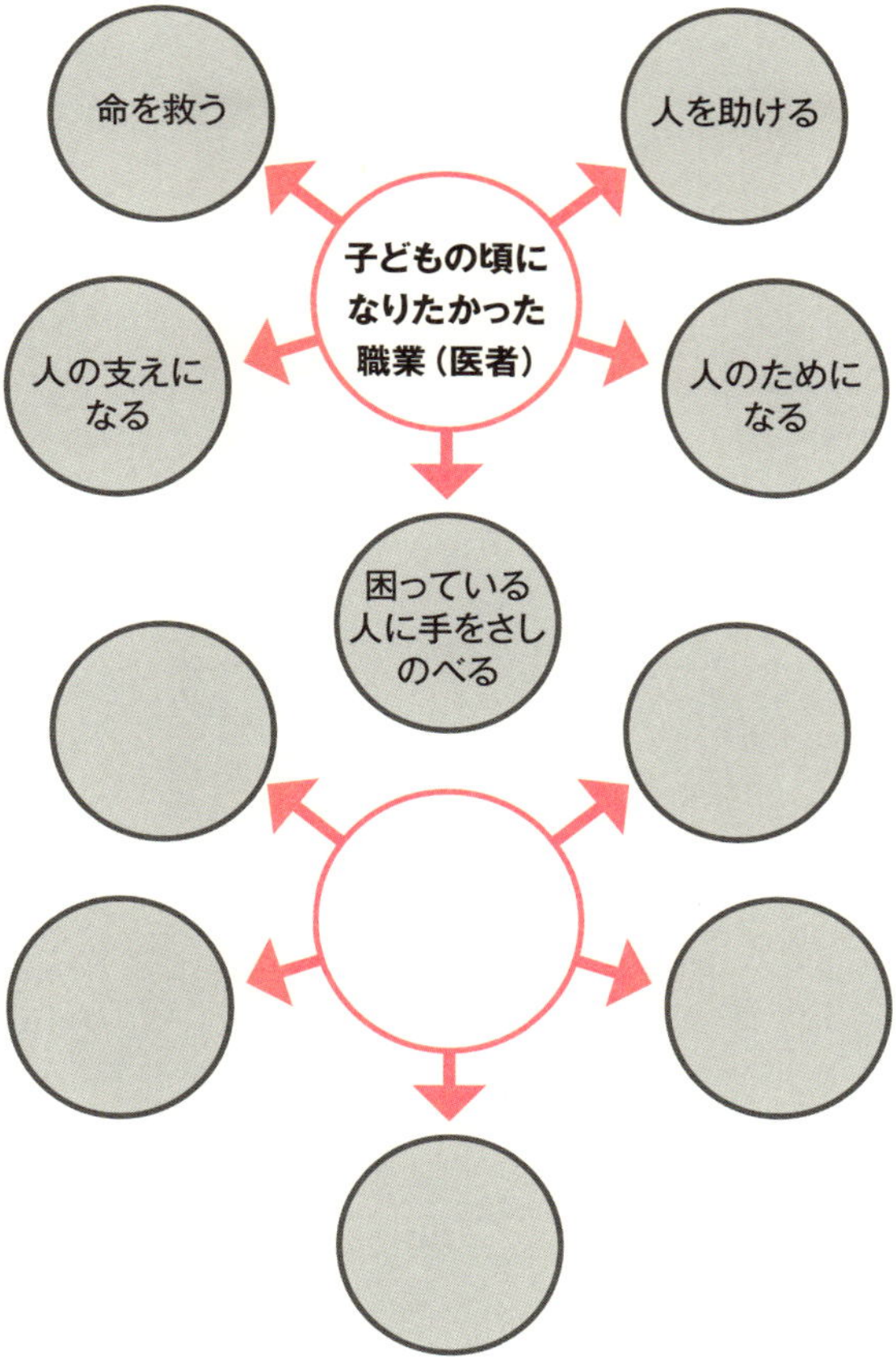

Question?

自分が小さい頃になりたかった職業と、その職業がもつ特徴を五つ、上記の空欄に書き込んでください。その価値は、いまもあなたが大切に思う価値の可能性が高いと思われます。

自己実現の間違った考え方

CHAPTER 6 3

自己実現はなりたい自分になることか?

自己実現という言葉は、5-4節でふれた心理学者アブラハム・マズローによって世間に広まりました。しかし、この言葉は誤解されているケースが多いようです。

自己実現は一般に「**なりたい自分になる**」と考えられているのではないでしょうか。しかし、自己実現のこの定義は必ずしも適切とはいえません。ときにあまりにも不適切な定義になります。というのも、自堕落な生活を送ることが「なりたい自分になる」ことだとしたら、これも自己実現になってしまうからです。

そもそもマズローは、その人がもつ**潜在能力を十二分に開発すること**が自己実現だと定義しました。マズローの言葉を引きましょう。

この言葉（筆者注：自己実現）は、人の自己充足への願望、すなわちその人が潜在的にもっているものを実現しようとする傾向をさしている。この傾向は、よりいっそう自分自身であろうとし、自分がなりうるすべてのものになろうとする願望といえるであろう。

『人間性の心理学』P72

マズローが言う「その人が潜在的にもっているものを実現しようとする傾向」とは、自分の強みを存分に活用して、価値ある活動をしている状況といえ

figure
自己実現の本当の意味

るでしょう。

ただし、ここでも注意が必要です。たとえば、スマホのゲームに価値を見出していて、ゲームの技術も非常に高い人がいます。この人がひたすらゲームに打ち込めば自己実現に至れるのでしょうか。

潜在能力を引き出して社会に貢献する

そこで注目すべきなのが、マズローの言う「よりいっそう自分自身であろうとし、自分がなりうるすべてのものになろうとする願望」です。

人間が共同体の一部として暮らすのはある意味で宿命でした。この共同体の中で暮らすには、他のメンバーと交流を深め、仕事を通じて共同体の利益に貢献する必要があります。

このように共同体と良好な関係を結ぶことも、「よりいっそう自分自身であろう」とすることであり、「自分がなりうるすべてのものになろうとする」ことであるべきです。

したがって、存分に開発された潜在能力は、仕事を通じて共同体の利益に貢献するように活用されなければなりません。こうして初めて自己実現が達成されます。

このような自己実現と、冒頭に見た「なりたい自分になる」やゲームにうち込む人とを比較してみてください。自堕落な生活を送ることが「なりたい自分になる」ことだとしても、この人は自身がもつ潜在能力をまったく開発していません。ゲームにうち込む人も同様です。いずれのケースも自己実現からはほど遠い状態だと言えます。

ただし、「なりたい自分になる」ことが自己実現に直結する場合もあります。それは、潜在能力を十二分に開発して、社会の利益に貢献することが、「なりたい自分」である場合です。このケースに限り、自己実現とは「なりたい自分になる」ことが成立します。

CHAPTER 6 4 差別化と統合化を両立する

能力の開発と社会への貢献、差別化と統合化

引き続きここでは、自己実現について、差別化と統合化というキーワードで考えてみたいと思います。そもそも自己実現は、自分自身を差別化するとともに、自分自身を社会に統合させる統合化の過程を繰り返して生じるものです。

どういうことか説明しましょう。

社会により大きな貢献をするには、自分にとって価値ある分野において、自分の強みを最大限発揮することが求められました（4-8節）。自分にとって価値ある分野において、自分の能力を高めて、強みをさらに強くするということは、自分を他者から差別化することです。

強みをさらに強くすれば差別化はどんどん進展し、その人において他にない存在になることができるでしょう。

しかしながら、差別化された突出した能力を遊ばせていては宝の持ち腐れです。アドラーが指摘したように、充実した人生の最大の鍵は他者への貢献でした。

したがって、差別化された自身の独自性を、他者への貢献、社会や人類に奉仕する活動に振り向けなければなりません。この活動は、社会への貢献を通じて、自分を社会に統合することを意味します。こちらは差別化に対して統合化を意味しています。

優れた強みを用いれば、世の中への貢献度も高ま

るでしょう。そうすると、社会からより多くの感謝や報酬を受けられました。

これは人のモチベーションを高め、強みをさらに強化する動機づけとなり、それが社会へのさらなる大きな貢献に用いられます。

徹底して自分の強みとなる能力を開発して（差別化）、その能力でもって社会に貢献する（統合化）。この両立あるいは繰り返しが、充実した人生を送る鍵になるのだと思います。そして、際立った独自性を有している人が統合化されるほど、他者に対する貢献度も高まります。

このように差別化と統合化は、自己の潜在能力を最大限開発して、社会に貢献することを意味しています。これは「その人が潜在的にもっているものを実現」するとともに「よりいっそう自分自身であろうとし、自分がなりうるすべてのものになろうとする」こと、つまりマズローが述べた**自己実現を目指す活動と軌を一**にします。

相互的な因果関係と相互的な強化関係

この差別化と統合化には、**相互的な因果関係**および**相互的な強化関係**があります。

私たちは、自分の強みを強化することで差別化を進めます。その強みで社会との関係を取り結び、社会に貢献します。すると私と社会との統合化が進みます。この統合化はさらなる差別化の原動力になるでしょう。

こうして差別化と統合化は、互いが互いの原因であり結果となります。また互いが互いの特徴をより強化するように働きます。

差別化だけでは社会から孤立します。統合化だけでは社会に依存して生きなければなりません。双方をループ状に繰り返した先に、ゴールとしての自己実現があるものなのだと思います。

figure

差別化と統合化

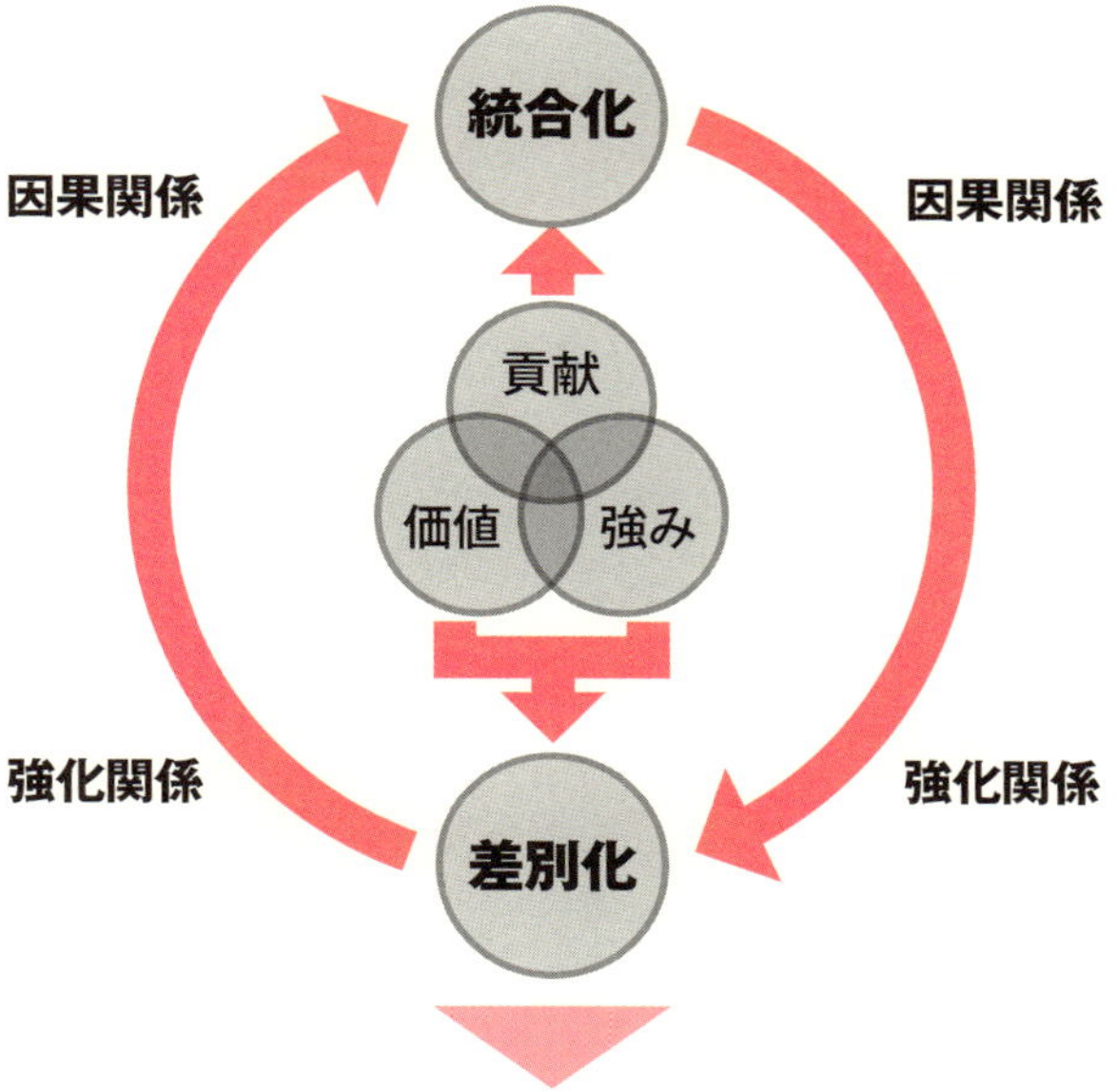

価値ある活動を通じて強みを強化し（差別化）、その強みで社会に貢献する（統合化）。人生とはこの繰り返しなのかもしれない。

Question?

括弧の中に適切な言葉を入れてください。

差別化とは、自分にとって価値ある分野において、自分の能力を高めて、「①　　　」をさらに強化すること。統合化とはその「①　　　」で社会に「②　　　」すること。

答え：①強み　②貢献

5 フィードバック分析を実行する

まずは短期目標の設定から始める

前節で見た差別化と統合化の過程で、ぜひとも実行すべきなのが**強みの強化**です。そのためには**フィードバック分析**を実行するのが効果的です。

長期の目標を一足飛びに実現するのは不可能ですから、1年や半年、1カ月、1週間の目標に細分化します（2−4節）。これら短期の目標は、第2章で述べた目標と重複します。

目標には「強制された目標」「自分ごとの目標」「自分ならではの目標」がありました（2−6節）。長期の目標、人生の目標から導き出した短期の目標は、「自分ならではの目標」に位置づけられるでしょう。

短期の目標を立てる場合、その目標のレベルが自分の能力に比べてあまりにも高過ぎては、そもそもやる気が失せます。また、目標のレベルが低過ぎても同様です。したがって、自分の能力でギリギリ達成できる高い目標を、期待する具体的な成果として設定します（7−1参照）。

以上を念頭に次の三つの要素を明らかにすることで短期の目標を設定します。

①実行すべき活動
②デッドライン（締め切り）
③期待する具体的な成果

何かをやると決めたら、この3要素を必ず何かに

figure

フィードバック分析

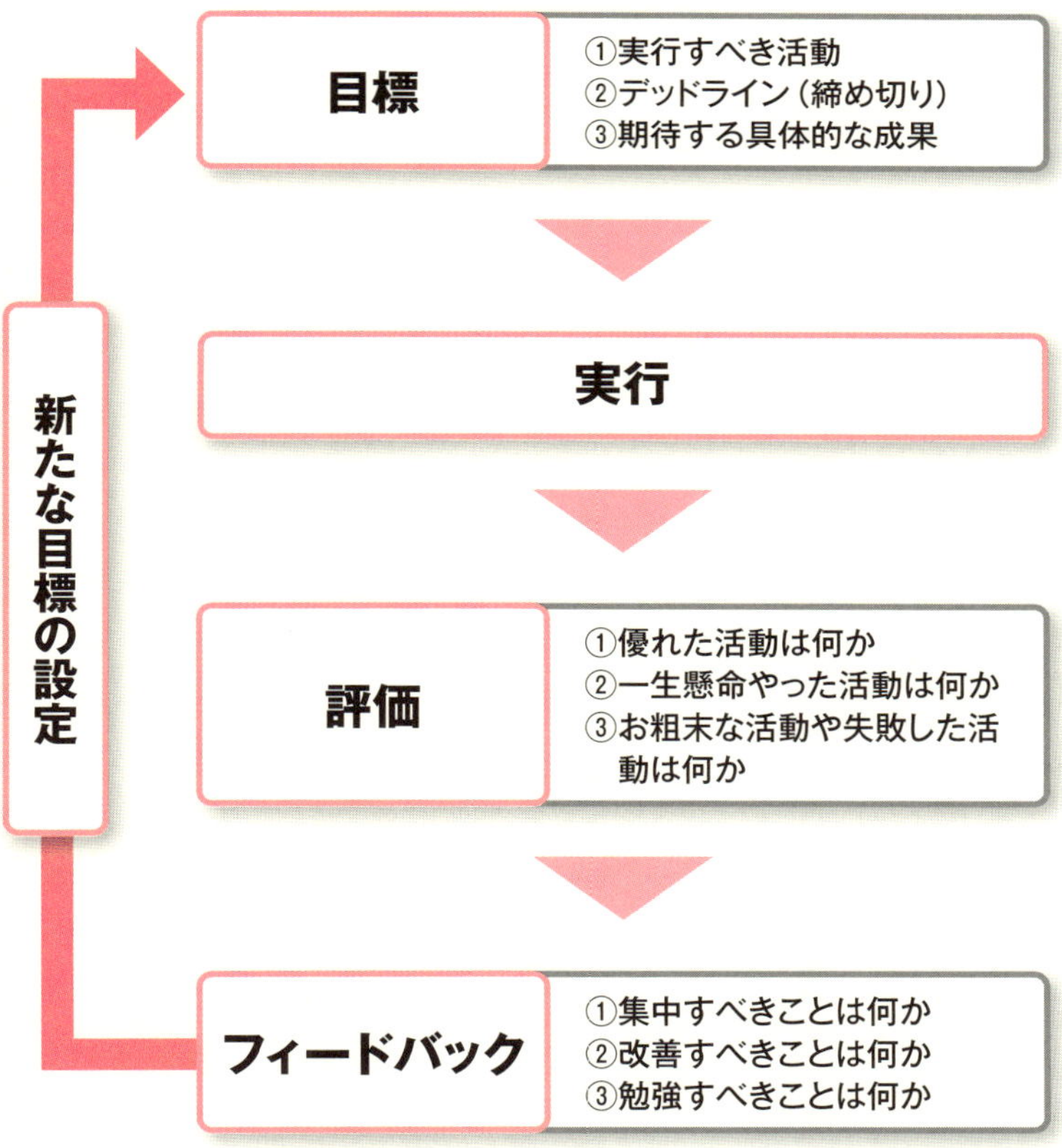

Question?

期間が1週間程度の短期目標をいくつか立て、上記の要領でフィードバック分析を実行してみてください。

書きとめます。そして、1週間や1ヶ月などの節目に、事後の結果と当初期待した成果を比較します。

フィードバック分析の評価ポイント

この比較作業では、次の点をチェックします。

①優れた活動は何か
②一生懸命やった活動は何か
③お粗末な活動や失敗した活動は何か

私たちは「自分ならばうまくできる」と思い込んでいる活動があるものです。ところが、期待と結果を比較すると、できるはずの活動がうまくできていないことがあるものです。これとは逆に、苦手だと思っていたタイプの活動が、毎回うまくいくことがあります。当初期待した成果と結果との比較は、こうした思い込みを解消するのに役立ちます。

続いて、得られた分析結果から、次の三つを明らかにします。

①集中すべきことは何か
②改善すべきことは何か
③勉強すべきことは何か

ここでのポイントは、弱みではなく**強み**に注目することです。集中すべきこととは強みの強化です。また、改善すべきこととは、強みをより強くするための弱点の克服です。

これらを通じて、よくできることをもっとできるよう、次の目標にフィードバックします。以上がフィードバック分析のあらましです。

自分の強みをさらに強くするということは、自分を他者から**差別化**することでした。フィードバック分析は差別化のための強力な武器になります。

1万時間の法則

才能と努力、どちらが重要なのか

自分がもつ強みを、社会が認める本当の強みにするには、一般に1万時間が必要だといわれます。これを**1万時間の法則**といいます。

この法則は、コロラド大学の心理学者K・アンダース・エリクソンらが1990年代の初頭に着手した研究から得られたものです。

エリクソンらは、西ベルリン音楽アカデミーの支援を受けて、大学でバイオリンを学ぶ学生から30名を選び出し、彼らを10名ずつ三つのグループに分けました。

一つは「最優秀バイオリニスト」と呼ぶグループで彼らは将来国際的なソリストとして活躍する能力を秘めています。次に最優秀バイオリニストほどではないものの、かなり演奏がうまい10名を「優秀バイオリニスト」グループとして選びました。さらに、同じ学校の生徒で入学基準の低い別の学部から10名のバイオリニストを選び、彼らを「(未来の) 音楽教師」グループと命名しました。

研究の結果、実に興味深い事実が明らかになりました。それは18歳に達するまでの練習時間の長さです。三つのグループの練習時間の累積平均は次のようになりました。

「最優秀バイオリニスト」　7410時間
「優秀バイオリニスト」　5301時間

「音楽教師」　3420時間

このように、演奏技術と練習時間には明確な関連があることがわかります。上達しようと思えば、まず練習量がどうしても必要だということです。

こうしてエリクソンは、その道で秀でるには1万時間の訓練が必要であることを指摘しました。エリクソンらの研究は、私たちが経験的に理解していることを、具体的な数字でもって示したわけです。

石の上にも3年は最低限の目安

仮に1日8時間を能力開発の訓練に使ったとします。毎日訓練したとしても、1万時間に到達するには、**1250**日かかります。これは**約3年半**に相当する時間です。「石の上にも3年」といいますが、3年は最低限の目安といえるのかもしれません。

では、才能がなくても1万時間の努力をすれば誰もが成功できるのでしょうか。

必ずしも成功するとは限りません。何しろ「社会的成功」という目標は、**自分でコントロールできない領域の目標**だからです（2-2節）。

ただし、1万時間の努力は**自分でコントロールできる領域の目標**です。この目標を目指し続ける限り、強みをさらに強化できるのは確実です。潜在的能力が継続的に開発されるのは明らかです。

人には個人差があるのは厳然たる事実です。しかし、**才能**があっても1万時間の努力をしないのならば宝の持ち腐れです。となると、重要なのは才能よりも**努力**ということになります。

また、1万時間もの努力を続けるには、それがその人にとって価値ある活動であるべきです。でなければ、長時間の努力に耐えるのは困難だからです。ここからも最優先事項はやはり自分にとっての価値なのがわかります。

figure

1万時間の法則

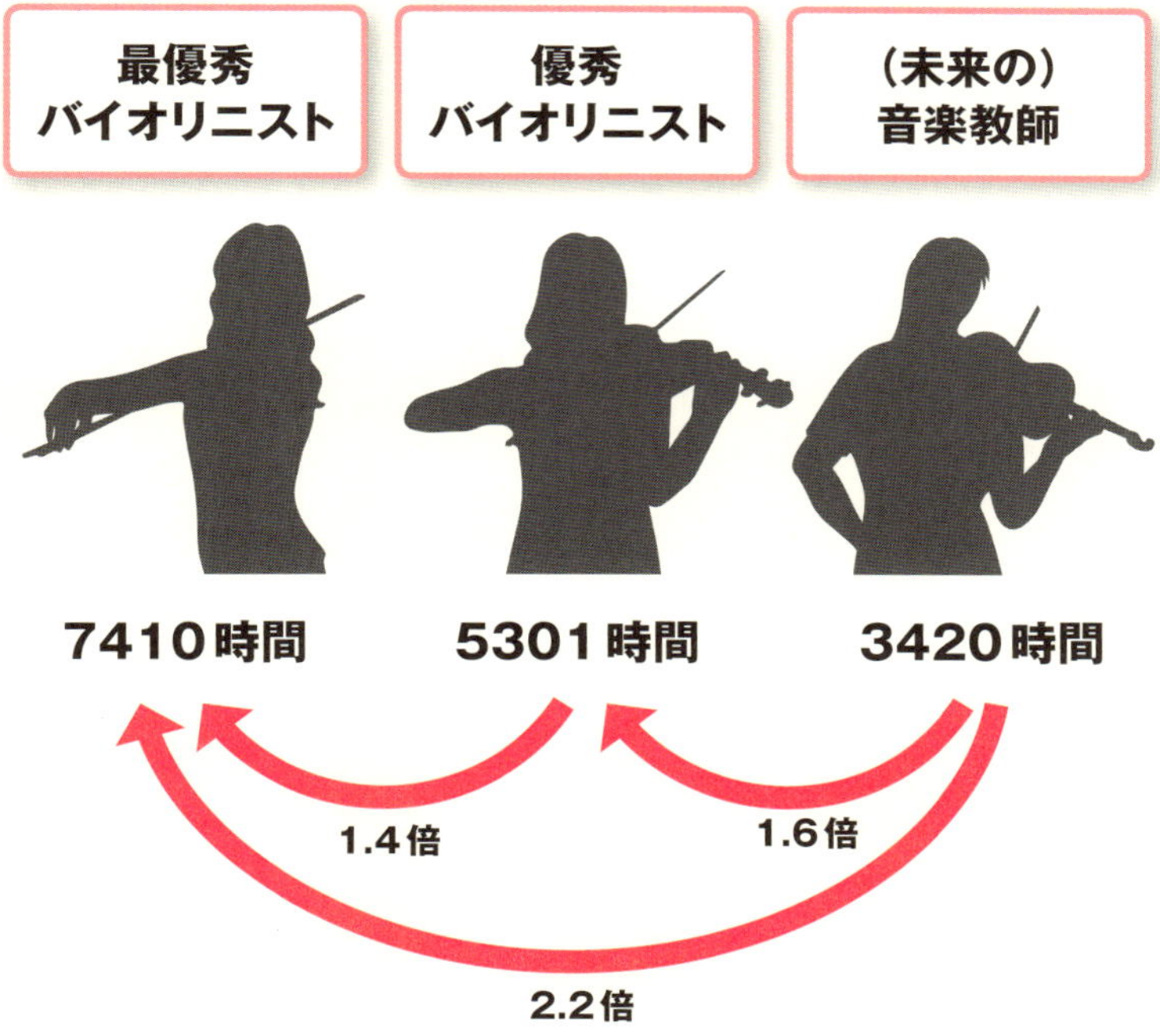

その道で秀でるには「1万時間」の訓練が必要。

Question?

あなたはいままで才能と努力のうち、いずれが重要だと考えていましたか。本節を読んでその考えは変わりましたか。

人生のフィードバック・ループ

人生のフィードバック・ループを回しながら人間的成長を目指す

以上、本章では、私たちがもつべき長期の目標、いわば**人生の目標**について考えながら、人間的成長の実践について見てきました。簡単にまとめておきましょう。

私たちは、長期の目標を一足飛びに実現することはできません。長期の目標は短期の目標に細分化します。そして自分の強みを仕事に活かして社会に貢献します。強みの度合いが高いほど社会への貢献度も高くなるでしょう。これは**統合化**の過程でした。

さらに、その貢献の結果と当初期待していた成果を比較します。そして、「①優れた活動は何か」「②一生懸命やった活動は何か」「③お粗末な活動や失敗した活動は何か」を分析します。

続けて、「①集中すべきことは何か」「③勉強すべきことは何か」「②改善すべきことは何か」を明らかにします。そして、次の新たな目標に**フィードバック**して、強みをさらに強化し、うまくできることをさらにうまくできるようにします。

このように**フィードバック分析**を実行することで、自分がもつ強みをさらに強化できます。これは自分を他者から**差別化**する活動でした。

私たちの人生は、この繰り返しが延々と続くのではないでしょうか。そして、この繰り返しを**1万時間**継続したとき、私たちの強みは、その道で秀でたものになります。

figure
人生のフィードバック・ループ

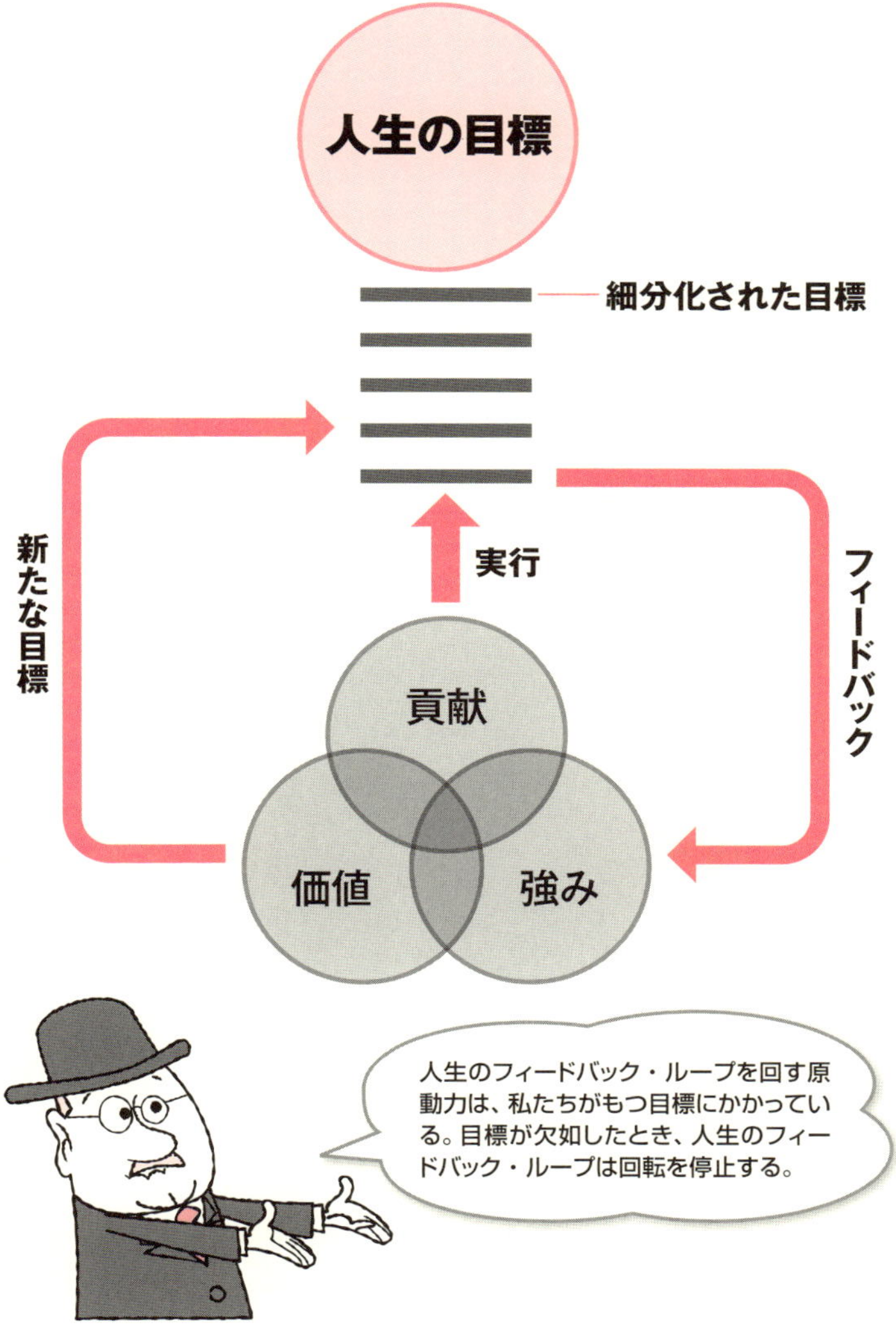

本書ではこの繰り返しをちょっと格好よく「**人生のフィードバック・ループ**」と呼ぶことにしましょう（133ページ図参照）。

この人生のフィードバック・ループを回しながら、人は自分がもつ潜在能力を少しずつ開発します。人生の目標を目指しながら、人間的成長を実現します。この一連の流れが自己実現の過程だといえるのでしょう。

回転の原動力は目標にある

では、この人生のフィードバック・ループを回す原動力になっているのは何だと思いますか。

答えは**目標**です。

長期の目標や中期の目標、さらに短期の目標が、人生のフィードバック・ループを継続して回す原動力になります。目標が見失われた途端、人生のフィードバック・ループは回転を止めます。それは人間的成長の停止を意味します。アドラー心理学の特徴が目標の重視にあった点を思い出してください（1－2節）。再掲になりますが、アドラーの言葉を引きましょう。

もし、この世で何かを作るときに必要な、建材、権限、設備、そして人手があったとしても、目的、すなわち心に目標がないならば、それらに価値はないと思っています。

『アドラーの思い出』P224

アドラーが言う「建材、権限、設備、そして人手」を「自分自身」に置き換えてみてください。私自身がここに存在したとしても、心に目標がないならば、それに価値はない、つまり私自身を首尾良く機能させることができません。

仮に人生が無意味に思えたら、目標の欠如を疑ってみてはどうでしょう。

chapter 7

人生の意味とは何か

最終章の本章では、前章に引き続き、より自分らしく生きる術について考えています。本章を通じて、アドラーが重視した、人生における人のもつ目標の大切さを改めて理解してもらいたいと思います。

フロー体験とは何か

CHAPTER 7 1

フロー体験で経験する深い没入感

前章の6-7節では、**人生のフィードバック・ループ**を回す原動力になるのが**目標**だと述べました。この人生のフィードバック・ループは、ハンガリーの貴族を出自とする心理学者ミハイ・チクセントミハイが提唱した**フロー体験**に重ね合わせると、その構造がより明瞭になります。

フロー体験とは、ある人が特定の行為に全人的に没入しているとき、その人が感じる包括的感覚を指します。「我を忘れる」とよく言いますが、そのような状態がフロー体験です。チクセントミハイはフロー体験を次のように表現しています。

1つの活動に深く没入しているので他の何ものも問題とならなくなる状態、その経験それ事態が非常に楽しいので、純粋にそれをするということのために多くの時間や労力を費やすような状態。

『フロー体験　喜びの現象学』P5

チクセントミハイはフロー体験に関する調査データから、人がフロー体験を経験する際の条件を明らかにしました。条件には次の三つがあります。

①目標
②迅速なフィードバック
③スキル（技能）とチャレンジ（挑戦）のバランス

figure

フロー体験の要件

フロー体験

ある活動に我を忘れて没入している状態

要件①
明確な目標

要件②
迅速な
フィードバック

要件③
スキルとチャレンジのバランス

連続したフロー体験で
充実した人生を手に入れる。

Question?

あなたが我を忘れて没入した活動を思い出してください。それを思い出したとき、どのような感情が湧いてくるでしょうか。

つまり、「目標が明瞭で、結果に対する迅速なフィードバックがあり、スキル（技能）とチャレンジ（挑戦）のバランスがとれたぎりぎりのところで活動している時」、人はフローを体験する可能性が高くなるとチクセントミハイは言います。

フロー体験で人が感じること

フロー体験には共通する特徴があります。まず、自分がしていることへの集中です。それに深いけれど無理のない没入状態です。

次に行為と意識の融合です。これは行為を意識はしているが、そういう意識そのものを意識することはない、という状態です。

たとえば、キーボードで文字を入力している際、文字入力という行為を意識はしているものの、しかしどの指でどの文字を押そうかなどとは意識していません。意識した途端、入力スピードはガタ落ちになるでしょう。

それから、自分の行為を統制しているという感覚が得られます。時間の感覚が変わり、数時間が数分のうちに過ぎる場合もあります。

最後に、自己についての意識が消失し、体験後に自己感覚が強く現れる、という特殊な体験も、フロー体験の特徴の一つとして挙げられます。

これは行為に没入しているため、自己の感覚が忘れ去られてしまう状況を指します。ただし面白いのは、行為が終わったあと、自己感覚が強烈に現れるという点です。いわば、事後の成果を「自分が達成したこと」として強く実感することが、自己感覚の強い現れだということです。

フロー体験は自分が価値ある活動を行っているときに生じる、その人にとって**とても充実した時間**です。目標に向けた日々の活動でフロー体験を得られたら、私たちの人生はとても充実することでしょう。

CHAPTER 7-2

フローチャンネルが示す人間の成長

スキルとチャレンジがぎりぎりでバランスする

前節で述べたように、「目標が明確で、迅速なフィードバックがあり、スキルとチャレンジのバランスがとれたぎりぎりのところで活動している時」、私たちはフローを体験する可能性が高まります。

チクセントミハイは、このフローの状況を極めてシンプルな図で表現しています（141ページ図参照）。縦軸が「挑戦（チャレンジ）」の高低、横軸が「能力（スキル）」の高低を示したマトリックスです（**フロー状態のモデル**）。そして、図の中央には左下から右上へ帯状の領域が見えます。

この帯状の領域を**フローチャンネル**といいます。

その特徴は「スキルとチャレンジのバランスがとれたぎりぎりのところ」を示している点です。つまり、自分が挑戦する課題と、その課題に対処する自分の能力とがぎりぎりのところで均衡している領域、これがフローチャンネルです。

しかし私たちの挑戦と能力がいつも均衡しているとは限りません。挑戦する課題のレベルは高いけれど、それに能力がついていかない場合、私たちは心配や不安を感じます（図の左上の領域）。また、逆に能力は十分過ぎるぐらいあるのに、課題のレベルがあまりにも低いと、私たちは退屈してしまいます（図の右下の領域）。いずれの状態でもフローを体験するのは困難です。

さらにこのフロー状態のモデルは、フロー体験が生じる位置を示すにとどまりません。このモデルは私たちがその**潜在能力を開発する経路**（チャンネル）をも表現しています。詳しく説明しましょう。

人間の成長を示すフロー状態のモデル

横軸の能力に着目してください。能力の向上は時間と密接に関係しています。**1万時間の法則**（6−6節）に従うと、能力の向上と時間には強い相関関係があります。

誰しも訓練の累積時間が短い最初の頃は能力的に未熟です。これはフロー状態のモデルで示すと、横軸の左端近くに位置していることを意味します。そして、自分の能力と等しいか、それよりもちょっと上の課題に挑戦したとしましょう。この課題こそが目標であり、この目標は能力と挑戦が交差する**フローチャンネル**上に存在します。

首尾良くこの目標をクリアしたら、横軸の位置を右に少しだけずらし、その能力と等しいか、それよりもちょっと上の課題に再び挑戦します。つまりこれは新しい目標です。そしてこの目標もクリアできたら、さらに高い能力を要する課題にチャレンジします。

この作業をたとえば1万時間続けたとしたら、私たちの能力は横軸の右側へと大幅に移動し、これに従ってチャレンジ（目標）の難度も高まります。

この過程で、私たちは自身の潜在的能力を開発しているわけです。しかも同時に人間的な成長も実現しています。つまりフローチャンネルは、人がもつ潜在能力を開発する経路（チャンネル）であると同時に、**人間成長の経路**（チャンネル）をも示しているわけです。

そして、個々の目標を達成する過程で**フロー体験**を味わっているとしたら、その人生はまさに充実した素晴らしいものになるはずです。

figure

フロー状態のモデル

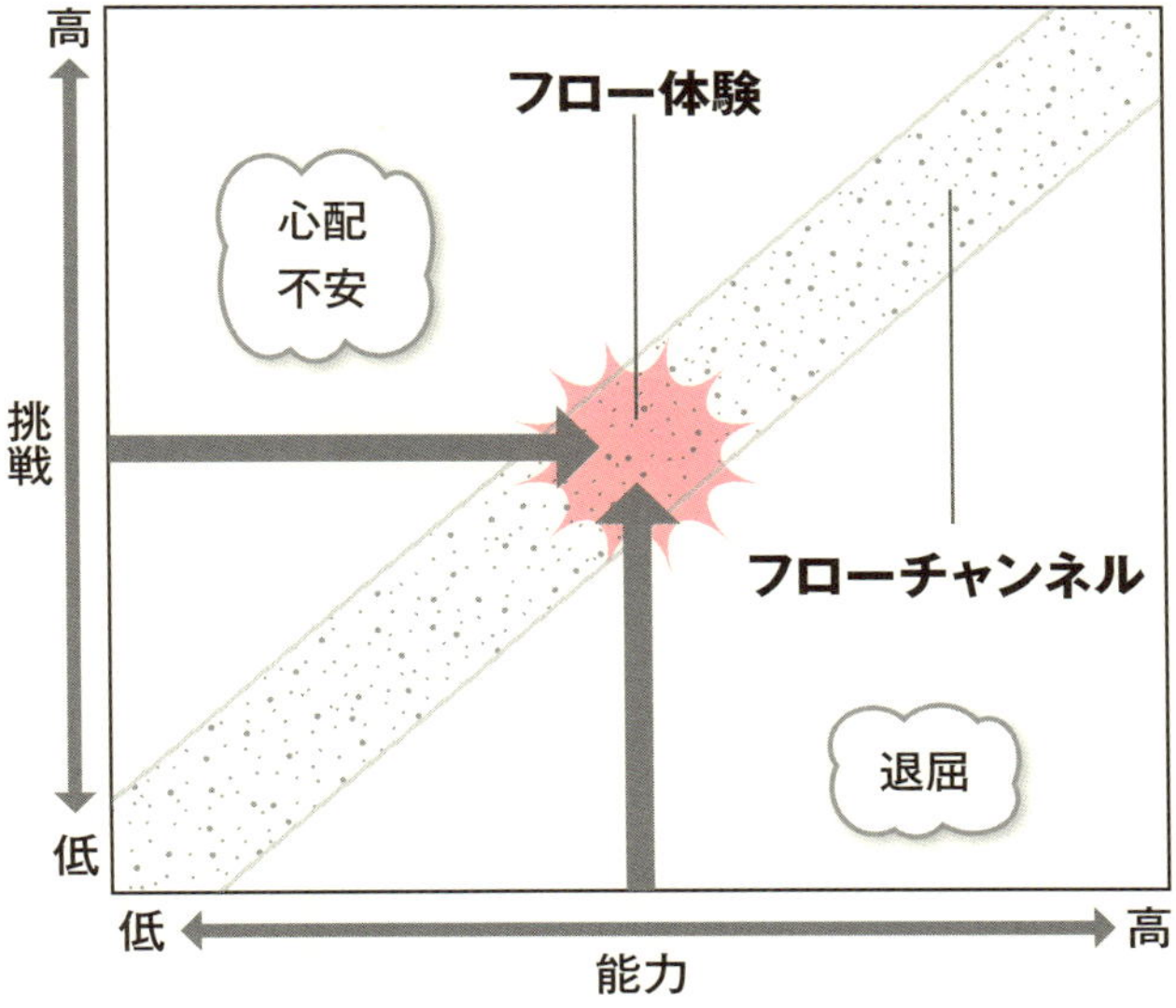
高
挑戦
低
フロー体験
心配
不安
フローチャンネル
退屈
低
能力
高

出典:『フロー体験　喜びの現象学』P95を基に作成

挑戦（チャレンジ）と能力（スキル）がギリギリでバランスするとフロー体験が生じやすい。

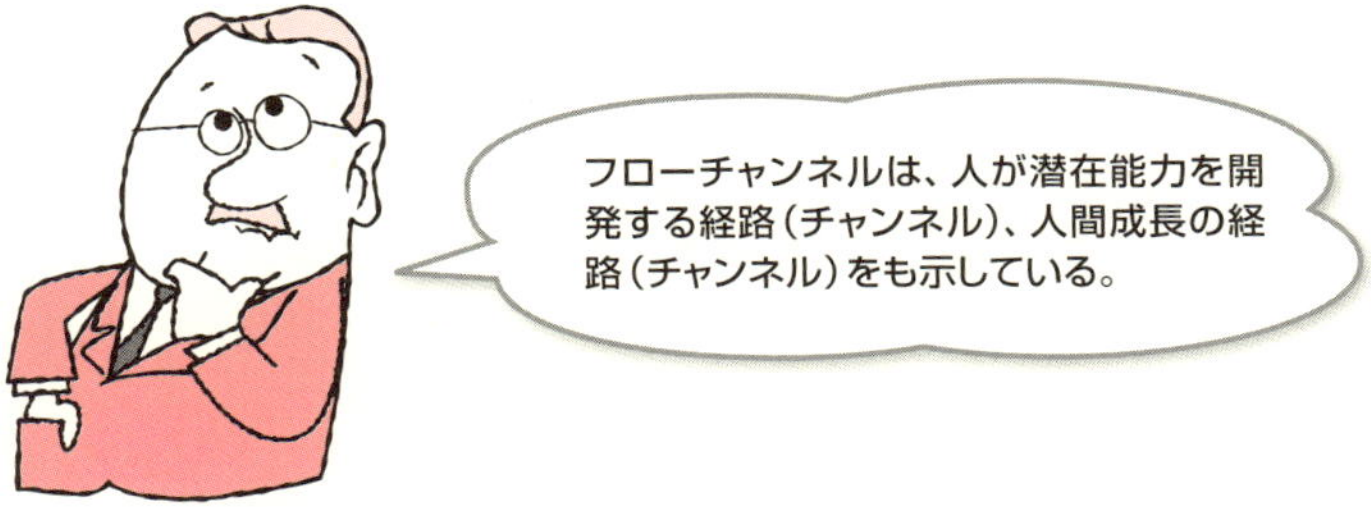
フローチャンネルは、人が潜在能力を開発する経路（チャンネル）、人間成長の経路（チャンネル）をも示している。

CHAPTER 7 3

人生のフィードバック・ループを重ね合わせる

フロー状態モデルと人生のフィードバック・ループ

チクセントミハイが提唱した**フロー状態のモデル**（6−7節）と非常に親和性が高いです。というのも、人生のフィードバック・ループはフロー状態のモデルに重ね合わすことができ、これによりその構造が一層明瞭になるからです。

143ページの図を見てもらいましょう。これがフロー状態のモデルに人生のフィードバック・ループを重ね合わせたものです。

まず、「価値・強み・貢献」からなる三つの円の「**価値**」について考えてみましょう。価値ある活動とは、やり甲斐のある活動、つまり「チャレンジするに値する活動」と言い換えられるでしょう。よって、フロー状態のモデルの縦軸は、三つの円の「価値」と直結します。

次に「**強み**」に注目します。強みとは自分がもつ能力の中で、人に負けない自信をもつ部分です。自分が人に誇れる「スキル」や「能力」と言い換えてもよいでしょう。こうしてフロー状態のモデルの横軸は、三つの円の「強み」と直結します。

しかし「価値」と「強み」を私的論理に支配された目標に用いたのでは自己満足の域を出ません。他者へ貢献する目標であることが必要です。「**貢献**」の円を見てください。円の中心がフローチャンネルに重なるように配置されています。これはフローチャン

figure

フロー状態のモデルと人生のフィードバック・ループ

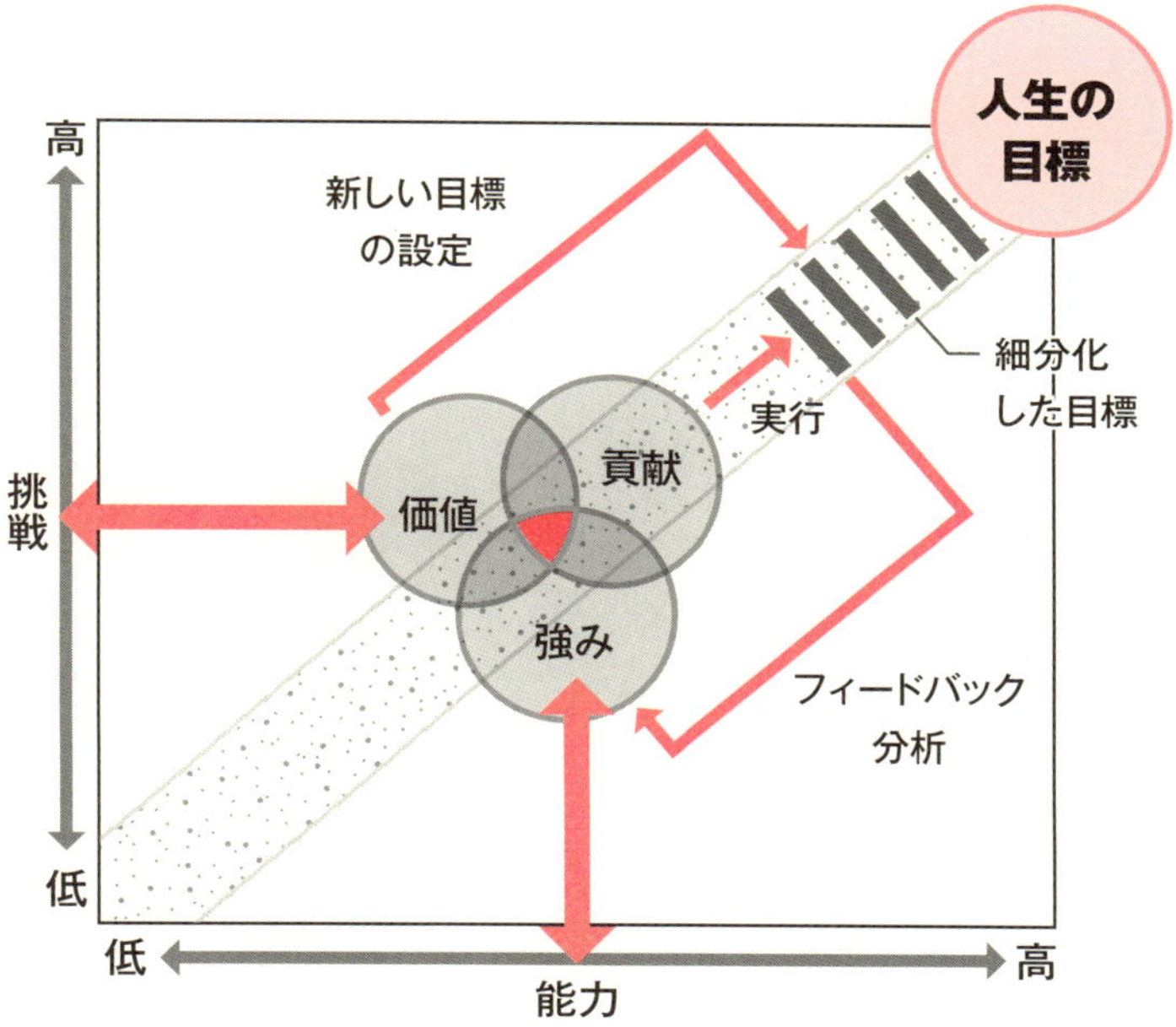
人生の目標
新しい目標の設定
細分化した目標
実行
価値
貢献
強み
挑戦
高
低
フィードバック分析
能力
低
高

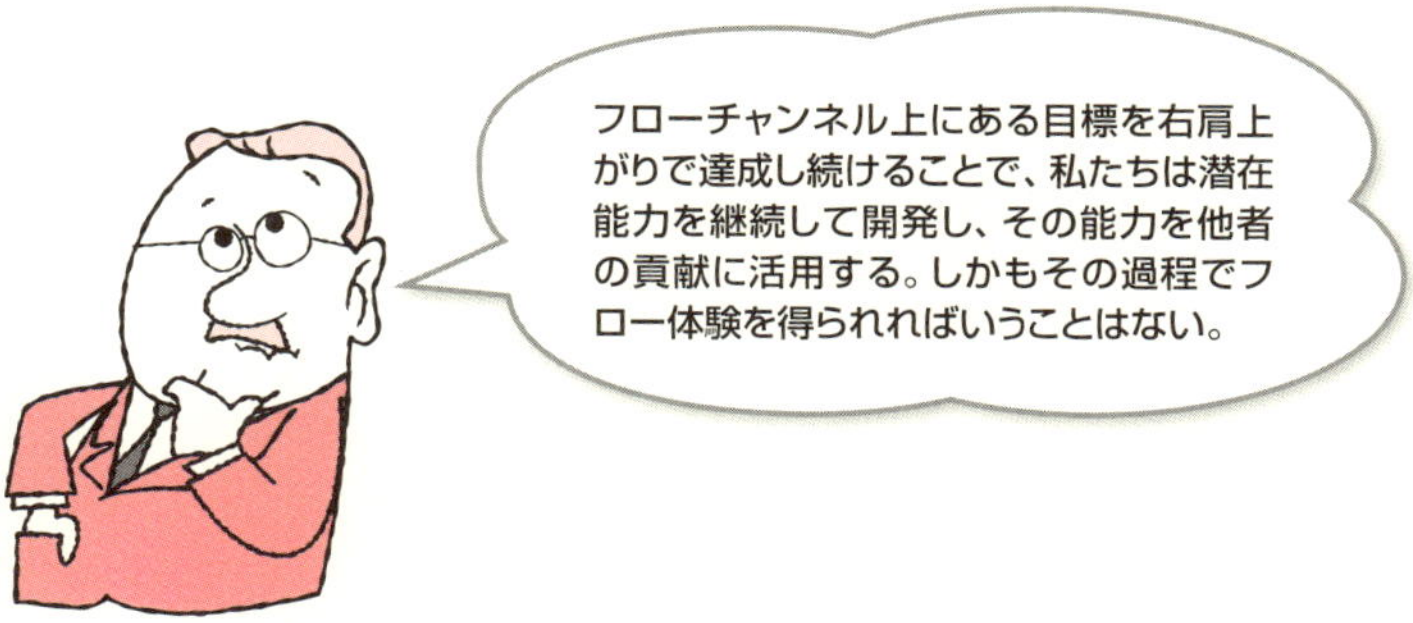
フローチャンネル上にある目標を右肩上がりで達成し続けることで、私たちは潜在能力を継続して開発し、その能力を他者の貢献に活用する。しかもその過程でフロー体験を得られればいうことはない。

ネルを右肩上がりで進むには、他者への貢献が欠かせないことを意味しています。

フローチャンネルは自己実現のチャンネルでもある

さらに、三つの円が重なる部分が、フローチャンネルの真上にある点にも注目してください。三つの円の重なる部分は**人生の目標**に相当しました。ここでは人生の目標を細分化した短期の目標だと考えましょう。つまりこの短期の目標がフローチャンネルの上にきているわけです。

フローチャンネルは「**挑戦=価値**」と「**能力=強み**」がバランスするぎりぎりのところを意味しています。フローチャンネル上にあるこの目標を右肩上がりで達成し続けることで、私たちの潜在能力は継続して開発され、その能力が他者への貢献に振り向けられるわけです。

そして、右肩上がりのフローチャンネルが行き着く先は、一生では達成不可能かもしれない人生の目標です。それは美の追究かもしれません。あるいは正義の実現かもしれません。

こうした「**コモンセンス=美徳**」（4-5参照）は実現不可能かもしれません。しかし理想を目指すことはできます。そして、この理想を目指すフローチャンネルは、**自己実現の経路**（チャンネル）とも言い換えられるわけです。

目標を立てたら期待する成果を明らかにします。そして、事後の結果と期待する成果を比較します。そして、分析結果を次の目標にフィードバックして、よくできることをもっとできるようにします（**フィードバック分析**）。

こうして目標のレベルを少しずつ上げていけば、三つの円はフローチャンネルに沿って右肩上がりに移行します。その移行の先には、人がもつ潜在能力を最大限に開花させる**自己実現**が待っています。

7-4 ハイ・シナジーな生き方とは何か

シナジーがもつ特別な意味

前節で見たように、「価値・強み・貢献」の三つの円のうち、「**貢献**」がフローチャンネルの真上にきているのには重要な意味があります。貢献とは、自分が価値のあると感じる活動を通じて、自分の強みを発揮し、社会の利益に資することでした。この社会への貢献は、通常、**仕事**を通じて行われます。

社会の利益に資する活動は**利他的**です。しかしこの利他的な活動を通じて、私たちは感謝の言葉や報酬を受けとります。その意味で**利己的**な活動だともいえます。

また、自分にとって価値があると思う活動、やっていて楽しい活動を実行することは、**利己的**な活動といえるでしょう。しかし、その活動は社会への貢献に向いていますから**利他的**でもあります。

このように、フローチャンネルの上で行われる、右肩上がりの活動は、自分の利益のために行う活動が他者の利益にもなり、他者の利益のために行う活動が自分の利益として返ってくる活動だといえます。これは社会にとっても、私たち自身にとっても理想的な状態だといえます。

このような状態を一言で表現する言葉があります。意外にも「**シナジー**」がそれです。

『広辞苑』を見るとシナジーの項には「経営戦略で、事業や経営資源を適切に結合することによって生まれる相乗効果のこと」とあります。このようにシナジーは1と1を組み合わせて3を得るような「相乗効果」だと考えるのが一般的です。

利己的と利他的の対立を解消する

しかし、シナジーには異なる意味があります。それは、「利己主義と利他主義を融合せしめる社会的・組織的仕組みのこと」(『完全なる経営』P180)です。どういうことか説明しましょう。

そもそも右のような意味でシナジーという言葉を最初に用いたのは、著作『菊と刀』で日本とも関わりの深い人類学者ルース・ベネディクトでした。

ベネディクトは文化人類学者として、インディアンのフィールド調査を行っていました。この調査を通じて、文化度の高い社会では利己主義が社会のためになり、また、利他主義が個人の利益になる、と結論づけました。ベネディクトはこのような社会を**ハイ・シナジーな社会**と呼びました。

これに対して、文化度の低い社会では、利己主義はあくまでも個人のためであり、特定の個人が富を総取りして、残る人々は困難に耐え忍ばなければなりません。このような社会を**ロー・シナジーの社会**とベネディクトはいいました。

すでに見てきたように、フローチャンネル上で行われる三つの円の活動は、利他的な活動が自分のためになり、利己的な活動が他者のためになりました。ここでは利己的と利他的の対立は解消されています。まさにハイ・シナジーな状態です。ベネディクトの言葉を借りるならば、文化度の高い社会で見られる状態だということです。

このように、私的理論ではなくコモンセンスに従って生きることで、ハイ・シナジーな状況を生み出せます。アドラー自身はハイ・シナジーという言葉を一度も用いていません。しかし、アドラーが目指したのもハイ・シナジーな生き方だったわけです。

figure

シナジー

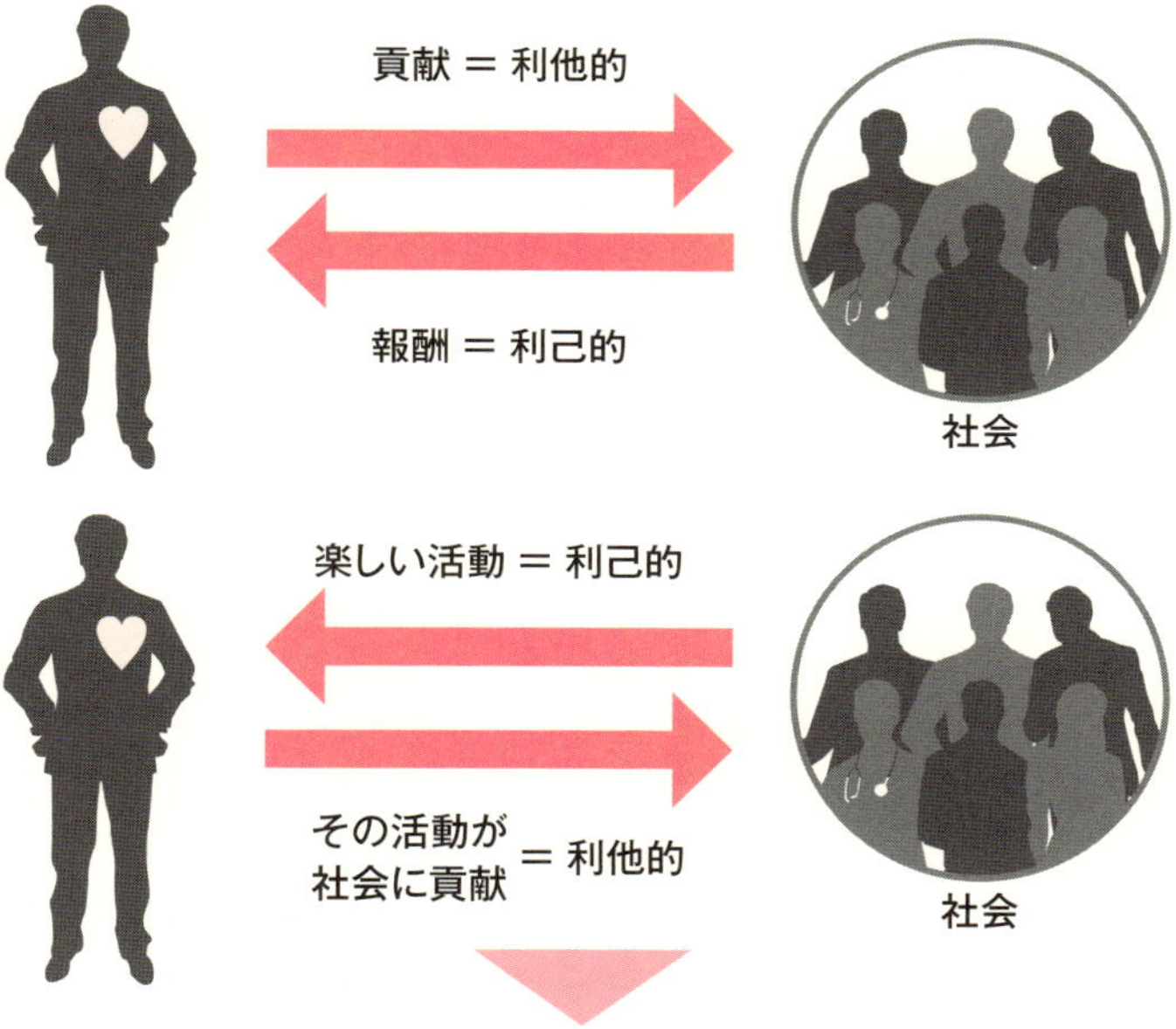

自分の利益のために行う活動が他者の利益にもなり、他者の利益のために行う活動が自分の利益として返ってくる。このように利己主義と利他主義の対立を解消するのがシナジーだ。

Question?

商店街の各店舗が、店の前を掃除する行為は、ハイ・シナジーの一例です。なぜ、ハイ・シナジーなのか考えてみてください。

答え：店頭を綺麗にするという利己的な行為が、商店街全体を美しくし（利他的）、商店街を美しくするために店頭を掃除するという利他的な行為が、自店に客を呼び込むことにつながるため（利己的）。

自己実現と人生の三つの課題

CHAPTER 7 5

マズローが主張した欲求の階層論

アドラーは**共同体生活**、**仕事**、**愛**を**人生の三つの課題**（5−1節）として取り上げました。私たちはこの三つの課題に対して目標を設定し、フローチャンネルを右肩上がりで進んで行かなければなりません。

このフローチャンネルは**自己実現の経路**（チャンネル）でもありました（7−3節）。本書ではすでに自己実現という言葉を何度も用いてきましたが、ここで改めて自己実現について考えてみましょう。

すでに述べたように、自己実現という言葉は、マズローによって世に広められたものです。中でもマズローが主張した**欲求の階層**において自己実現が取り上げられたことが、世に広まる大きな要因になりました。

マズローの欲求の階層は、通称「**マズローの欲求5段階説**」と呼ばれるものです（マズロー自身はこのような呼び方をしていません）。

この理論では、人間の欲求は階層をなしていて、下位の欲求を満足させると上位の欲求が頭をもたげると考えます。欲求の階層は下位から順に、**生理的欲求**、**安全の欲求**、**所属と愛の欲求**（集団に所属し誰かから愛されたい欲求）、**承認の欲求**（集団や他者から認められたい欲求）、**自己実現の欲求**からなります。下位の欲求とは優先順位の高い欲求と言い換えられます。

figure

自己実現と人生の三つの課題

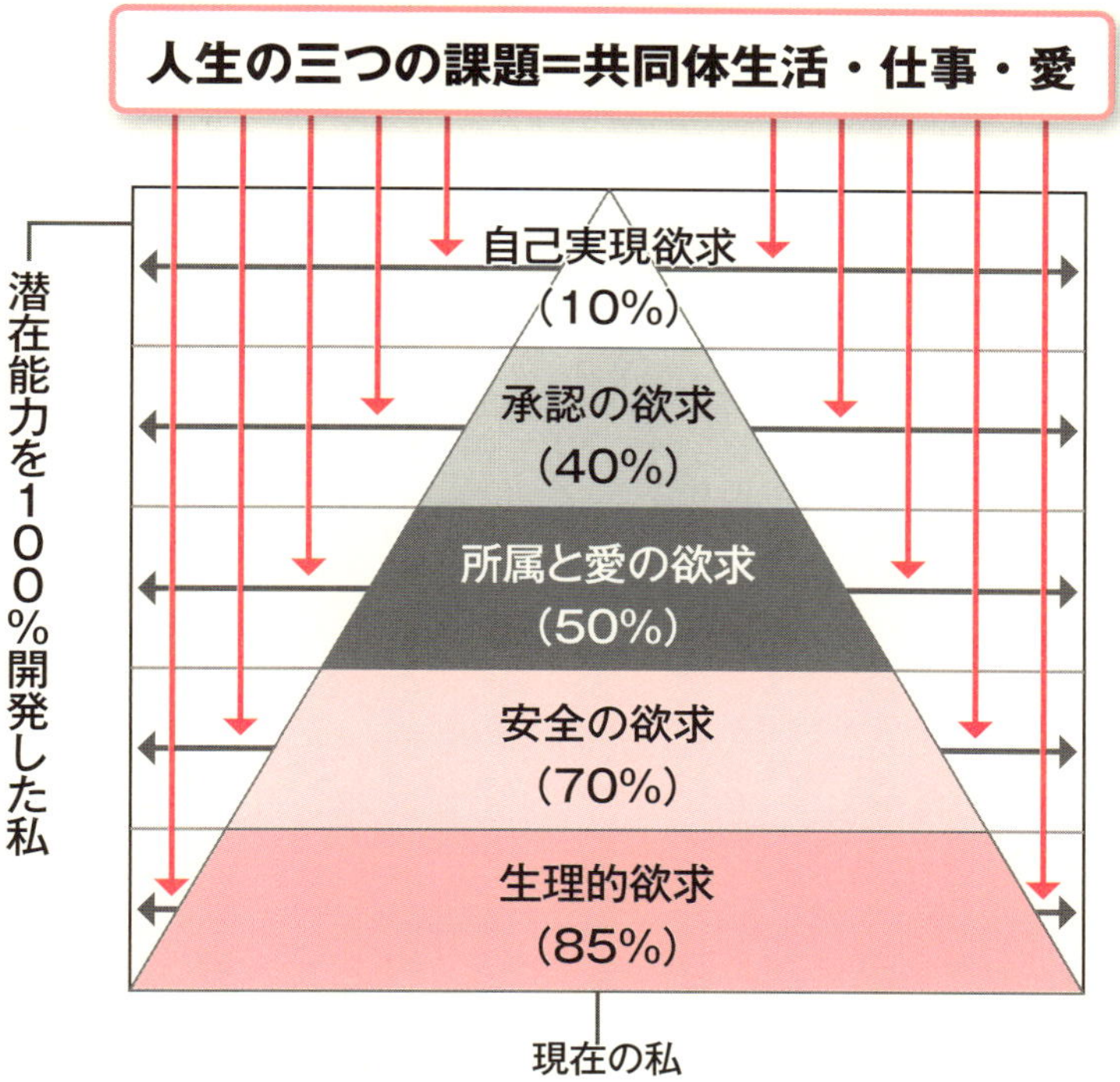

Question?

括弧の中に適切な言葉を入れてください。

マズローが指摘した欲求の階層は、下位から順に「①　　　」「②　　　」「③　　　」「④　　　」「⑤　　　」で構成されている。

答え：①生理的欲求　②安全の欲求　③所属と愛の欲求　④承認の欲求　⑤自己実現欲求

ただし、下位の欲求が100％満たされたら上位の欲求が現れるわけではありません。下位の欲求がある程度満たされたら、上位の欲求が現れるというのがマズローの考えでした。マズローによると、一般的な人間の場合、それぞれの欲求の満足度は、生理的欲求（85％）、安全の欲求（70％）、所属と愛の欲求（50％）、承認の欲求（40％）、自己実現の欲求（10％）程度だと見積もられています。

欲求の階層論と人生の三つの課題

マズローの以上の考え方を図示すると次のようになるでしょう（149ページ図参照）。四角形の中の三角形は、一般的な人が五つの欲求を満足させている割合を示しています。

では、この五つの欲求を100％満たすとどうなるでしょうか。それは不完全なピラミッド（三角形）がそれを囲む四角形になることを意味します。

五つの欲求を100％満たすということは、自分がもつ潜在的な能力を100％発揮していると言い換えられます。つまり**自己実現**です。そして私たちは、「共同体生活」「仕事」「愛」という人生の三つの課題を通じて、不完全な三角形を四角形に変えようと努力します。

「生理的欲求」に「愛」や「仕事」は欠かせません。「安全の欲求」には「共同体生活」が重要な役割を果たすでしょう。また、「所属と愛の欲求」「承認の欲求」には、「共同体生活」「仕事」「愛」のそれぞれが、「自己実現の欲求」には特に「仕事」が深く関わります。

このように不完全なピラミッドを完全な四角形に変える（＝自己実現を目指す）鍵となるのが、人生の三つの課題への対処です。

言い換えると、人生の三つの課題への対処は、自己の潜在能力を最大限に開花させる活動、自己実現に至る活動でもあるわけなのです。

自己超越と宇宙との一体感

CHAPTER 7 6

超越的な自己実現者と超越的でない自己実現者

おそらく本書の読者ならば、**マズローの欲求の階層**については、もとよりご存知だったと思います。しかし、マズローが**第6番目の欲求の階層**に言及していたことは、あまり知られていないのではないでしょうか。

晩年のマズローは、自己実現的人間を2種類、より厳密にいうと2種類の階層に分けて考えるようになりました。自己実現的人間の一方は、超越経験をほとんどもたない人、もう一方は超越経験が重要かつ中心になっている人です。マズローは前者を**超越的でない自己実現者**、後者を**超越的な自己実現者**と呼びました。

超越経験とは、宗教的経験や神秘的経験、創造的な恍惚感、成熟した愛の瞬間など、最高の幸福と充実の瞬間を指します。

超越的な自己実現者は、瞑想者であり、審美的で情緒的・内的経験を大切にします。これに対して超越的でない自己実現者には、行動する人であり、効果的・実際的を重視し、現実検証や認知において優れている人を指します。階層で考えると、超越的な自己実現者が上位、超越的でない自己実現者が下位になります。

ここでは、この超越的を「**自己超越的**」ととらえたいと思います。すると、超越的でない自己実現者は、自己の潜在能力を存分に開発しているけれど、自己超越には至っていない人になります。これに対して超越的な自己実現者は、自己の潜在能力を存分に開発しているばかりか、自己をも超越していることになります。これを図示すると次のようになるでしょう（153ページ図参照）。

前節で見たように、四角形に囲まれた三角形が現在の私（一般的な人間）です。これに対して四角形は自己実現した様子を示しています。ですからこの四角形は、超越的でない自己実現者を示しているといえます。

さらにこの四角形を囲むように円を描いています。この円は、自己を超越してさらに膨張していきます。したがってこの円は、超越的な自己実現者を示しているといえるでしょう。

超越的自己実現と宇宙との一体感

ここで思い出したいのが、アドラーの述べた**共同体感覚**に関する言及です。アドラーは共同体感覚を拡大していくと、パートナーや家族のみならず、地域や社会、一族や民族、さらには**全人類**まで広がると述べました。それだけではありません。全人類の限界を超えて、動植物や無生物、ついには遠く**宇宙**まで広がることもあると主張しました。

この人類や地球、宇宙と一体になる感覚は、まさに**自己超越的**です。おそらく共同体感覚を宇宙まで拡大した人は、マズローが指摘した超越的な自己実現者のレベルに達しているといえるでしょう。

こうして、「共同体生活」「仕事」「愛」という人生の三つの課題に対処し、「価値」「強み」「貢献」を通じてフローチャンネルを右肩上がりに移行していくと、その先には超越的な自己実現に至ることさえありえます。それはちょうど、共同体感覚が自己を超越して「**黄金の円**」になるようなものです。

自己を超越した「黄金の円」

いまは不完全な三角形ながら、人生の三つの課題に対処して完全な四角形すなわち自己実現を目指す。そしてさらには自己を超越した「黄金の円=超越的自己実現」を目指す。そのような境地では人類や地球、宇宙との一体感が得られるはずだ。

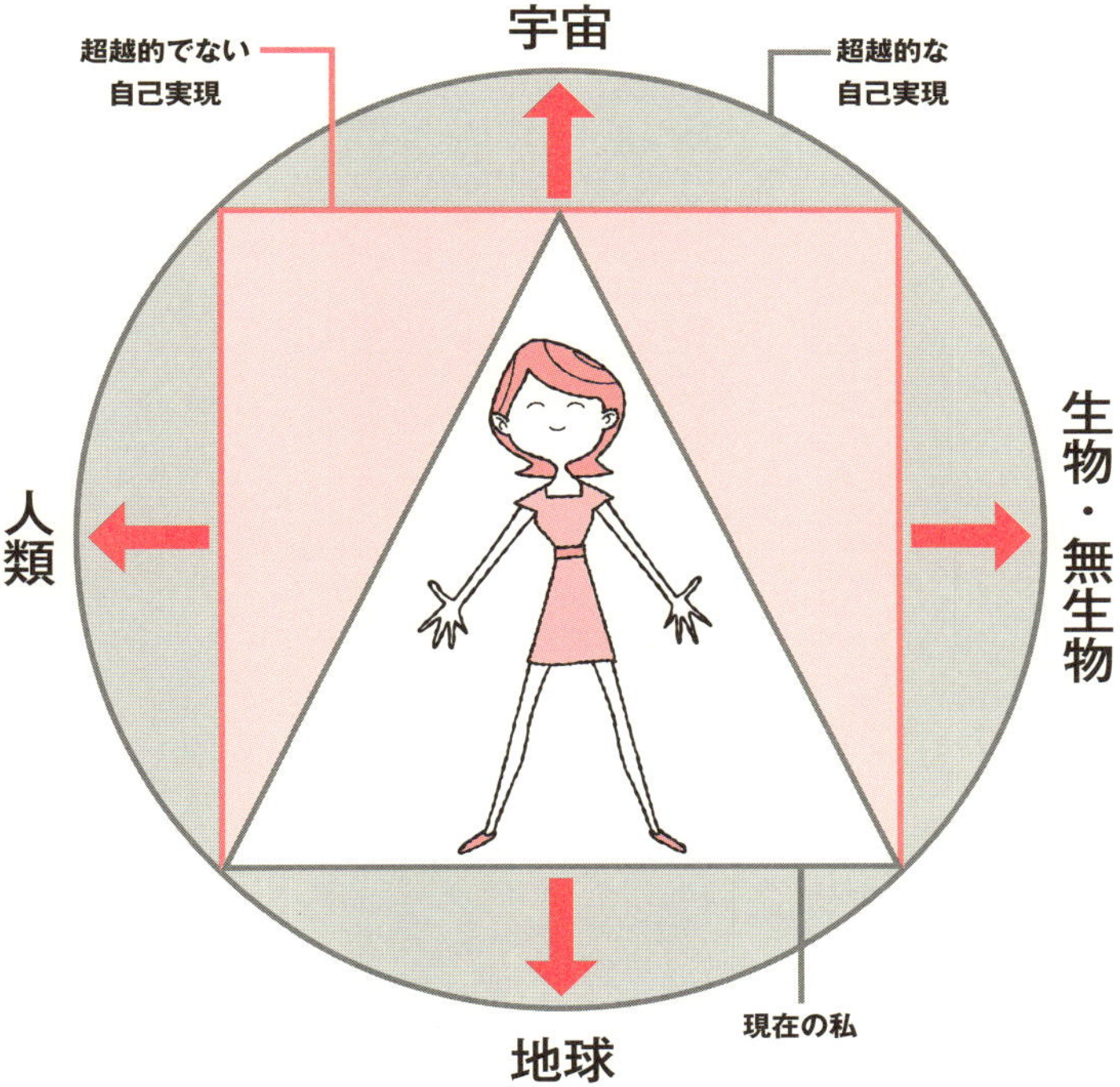

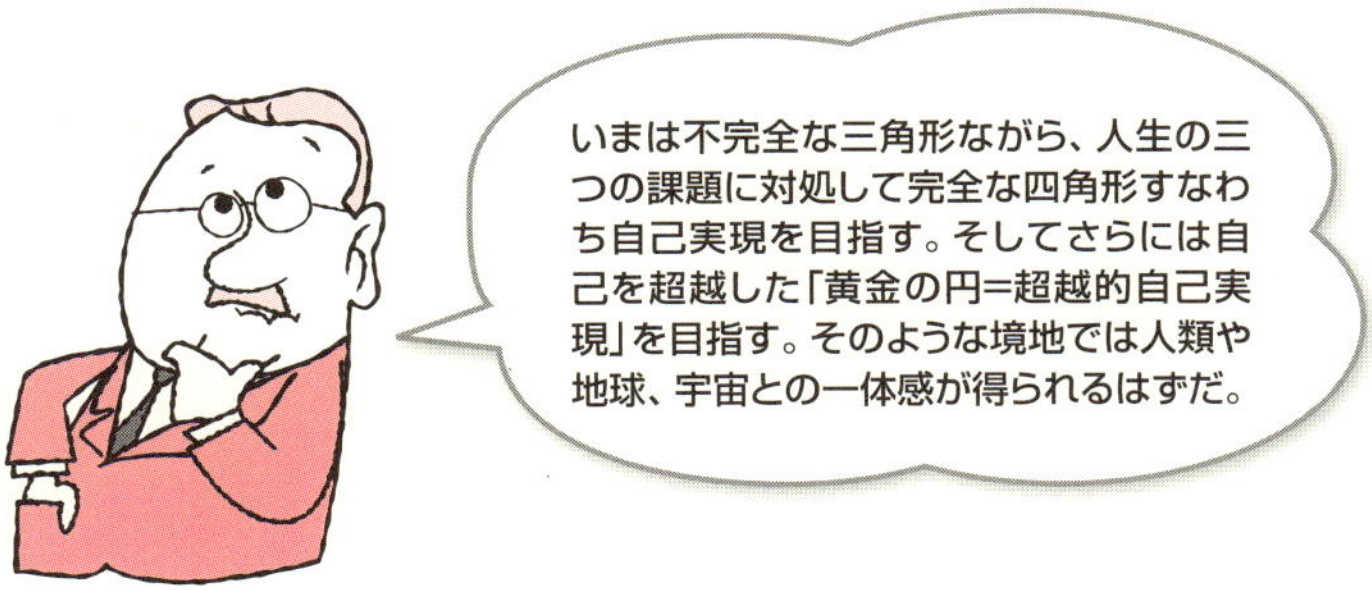

人生の意味とは何か

CHAPTER 7

私たちにとっての人生の意味について考える

以上、本書ではアドラー心理学を通じて、人生にどのように取り組むべきなのかについて考えてきました。それでは、私たちにとってそもそも人生の意味とは何なのでしょうか。アドラーの言葉に耳を傾けてみましょう。

誰にでもあてはまるような人生の意味などありません。人生の意味とは、自分が自分の人生に与えるものです。

『アドラーの思い出』P133

われわれは、自分で自分の人生を作っていかねばならない。それは、われわれ自身の課題なのであり、われわれは、それに取り組むことができる。われわれは、自分自身の行動の主人なのだ。

『人生の意味の心理学』P25～26

もう一つ、同じ問いに対する別の言葉も紹介しておきます。ヴィクトール・フランクルの言葉です。

まず第一に、そもそもわれわれが人生の意味を問うべきなのではなく、われわれ自身が問われているものであり、人生がわれわれに出した問いに答えなければならないということである。

『フランクル回想録』P68

figure

人生の意味とは何か

誰にでもあてはまるような人生の意味などない。人生の意味とは、自分が自分の人生に与えるものだ。

われわれは、自分で自分の人生を作っていかねばならない。それは、われわれ自身の課題なのであり、われわれは、それに取り組むことができる。われわれは、自分自身の行動の主人なのだ。

アドラー

まず第一に、そもそもわれわれが人生の意味を問うべきなのではなく、われわれ自身が問われているものであり、人生がわれわれに出した問いに答えなければならないということである。

フランクル

Question?

あなたにとって人生の意味とは何でしょう。

いかがでしょう。本書では繰り返して、人がもつ**目標の重要性**についてふれてきました。目標は外部から与えられるものではありません。与えられたように見える目標でも、最終的には**自由意思**のもと、その人が選んだ目標です。

自ら目標を設定して生きるということは、「自分が自分の人生に」意味を与えることです。それは「われわれ自身の課題」です。したがって、「そもそもわれわれが人生の意味を問うべきなのではなく、われわれ自身が問われている」わけです。その問いに対して、自ら目標を立てて答えなければなりません。

持続的幸福には目標が欠かせない

自ら立てた目標を目指し、潜在的能力を存分に活用して生きる――。この過程は自己実現の過程でもあります。そしてある日、ふと立ち止まって、いままで歩いてきた道程を振り返ったとき、自分の達成してきたことにまんざらではないという思いが湧いてくるのではないでしょうか。

そもそも私たちは、懸命に生きているときに**幸福感**など感じません。私たちが幸福感を感じるのは、何かの目標を達成したあとで振り返ったときです。

したがって、持続的に幸福感を得ようと思ったならば、常に目標をもって生きる必要があります。その目標が、挑戦と能力のバランスがとれたぎりぎりのものであれば、私たちは継続した**フロー体験**の中で人生を歩んでいけます。これほど充実した人生はないでしょう。

そして目標を達成して一息つくとしみじみ幸福感が湧いてきます。この繰り返しが**持続的幸福感**になるのだと思います。

このように、計り知れないパワーがある目標を重視したアドラー心理学は、「**目標の心理学**」とも呼べるのではないでしょうか。

参考文献

『7つの習慣』 スティーブン・R・コビー著 ジェームス・スキナー、西川茂訳 1996年 キング・ベアー出版刊
『明日を支配するもの』 ピーター・ドラッカー著 上田惇生訳 1999年 ダイヤモンド社刊
『アドラー 人生を生き抜く心理学』 岸見一郎著 2010年 NHKブックス刊
『アドラー心理学入門』 ロバート・W・ライディン著 前田憲一訳 1998年 一光社刊
『アドラー心理学入門』 ハーサ・オーグラー著 西川好夫訳 1977年 清水弘文堂刊
『アドラー心理学による「強み」のマネジメント』 中野明著 2015年 アルテ刊
『アドラー心理学による「やる気」のマネジメント』 中野明著 2015年 アルテ刊
『アドラー心理学の「幸せ」が1時間でわかる本』 中野明著 2016年 学研プラス刊
『アドラー心理学の基礎』 ルドルフ・ドライカース著 宮野栄訳、野田俊作監訳 2006年 一光社刊
『アドラー心理学への招待』 アレックス L・チュウ著 岡野守也訳 2004年 金子書房刊
『アドラーの思い出』 マナスター、ペインター、ドイッチュ、オーバーホルト編 柿内邦博、井原文子、野田俊作訳 2007年 創元社刊
『アドラーのケース・セミナー』 アルフレッド・アドラー著 岩井俊憲訳 2004年 一光社刊
『アドラーの生涯』 エドワード・ホフマン著 岸見一郎訳 2005年 金子書房刊
『生きる意味を求めて』 アルフレッド・アドラー著 岸見一郎訳 2007年 アルテ刊
『オプティミストはなぜ成功するか』 マーティン・セリグマン著 斎藤茂太監修、山村宜子訳 1991年 講談社刊
『完全なる経営』 A.H.マズロー著 金井壽宏監訳、大川修二訳 2001年 日本経済新聞出版社刊
『完全なる人間』 アブラハム.H.マズロー著 上田吉一訳 1998年 誠信書房刊
『菊と刀』 ルース・ベネディクト著 長谷川松治訳 1972年 社会思想社刊
『個人心理学講義』 アルフレッド・アドラー著 岸見一郎訳 2001年 一光社刊
『子どもの教育』 アルフレッド・アドラー著 岸見一郎訳 2013年 アルテ刊
『人生の意味の心理学』 アルフレッド・アドラー著 高尾利数訳 1984年 春秋社刊
『[新訳] 経営者の条件』 ピーター・ドラッカー著 上田惇生訳 1995年 ダイヤモンド社刊
『世界でひとつだけの幸せ』 マーティン・セリグマン著 小林裕子訳 2004年 アスペクト刊
『創造的人間』 A.H.マズロー著 佐藤三郎、佐藤全弘訳 1972年 誠信書房刊
『楽しみの社会学』 M.チクセントミハイ著 今村浩明訳 1979年 思索社刊
『どうしたら幸福になるか（上・下）』 ウォルター・ベラン・ウルフ著 周郷博訳 1961年 岩波書店刊
『人間性の最高価値』 A.H.マズロー著 上田吉一訳 1973年 誠信書房刊
『人間性の心理学』 A.H.マズロー著 小口忠彦訳 1987年 産業能率大学出版部会刊

『人間知の心理学』 アルフレッド・アドラー著 髙尾利数訳 1987年 春秋社刊
『初めてのアドラー心理学』 アン・フーバー、ジェレミー・ホルフォード著 鈴木義也訳
2005年 一光社刊
『フランクル回想録』 ヴィクトール・フランクル著 山田邦男訳 2011年 春秋社刊
『フロー体験 喜びの現象学』 M.チクセントミハイ著 今村浩明訳 1996年 世界思想社刊
『フロー体験入門』 M.チクセントミハイ著 大森弘訳 2010年 世界思想社刊
『ポジティブ心理学』 島井哲志編 2006年 ナカニシヤ出版刊
『ポジティブ心理学が1冊でわかる本』 イローナ・ボニウェル著 成瀬まゆみ訳
2015年 国書刊行会刊
『ポジティブ心理学入門』 クリストファー・ピーターソン著 宇野カオリ訳 2012年 春秋社刊
『ポジティブ心理学入門』 島井哲志著 2009年 星和書房刊
『ポジティブ心理学の挑戦』 マーティン・セリグマン著 宇野カオリ訳
2014年 ディスカバー・トゥエンティワン刊
『ポジティブな人だけがうまくいく3:1の法則』 バーバラ・フレドリクソン著 高橋由紀子訳
2010年 日本実業出版社刊
『マスローの人間論』 エドワード・ホフマン著 上田吉一、町田哲司訳
2002年 ナカニシヤ出版刊
『勇気の心理学 アルフレッド・アドラーが1時間でわかる本』 中野明著
2014年 学研パブリッシング刊
『夜と霧』 ヴィクトール・フランクル著 池田香代子訳 2002年 みすず書房刊
『ロゴセラピーのエッセンス』 ヴィクトール・フランクル著 赤坂桃子訳
2016年 新教出版社刊
『論理療法』 A.エリス、R.A.ハーパー著 北見芳雄監訳 1981年 川島書店刊

Index
索引

さ行

あ行

か行

た行

な行

や行

ら行

数字・アルファベット

は行

ま行

APPENDIX A 索引

●著者紹介

中野　明（なかの　あきら）

プランニング・ファクトリー　サイコ代表。

同志社大学理工学部非常勤講師。

主な著作に『図解ポケット　ポーターの競争戦略がよくわかる本』『図解入門　通信業界の動向とカラクリがよくわかる本（第４版）』『図解入門　放送業界の動向とカラクリがよくわかる本（第４版）』（以上秀和システム）、『ドラッカー・ポーター・コトラー入門』（朝日新聞出版社）、『超図解「21世紀の哲学」がわかる本』『超図解　7つの習慣　基本と活用法が１時間でわかる本』（学研プラス）など多数。

オフィシャル・ウェブサイト　http://www.pcatwork.com/

●本文イラスト / カバーイラスト

中西　隆浩
つしまひろし

図解《ずかい》ポケット
アドラー心理学《しんりがく》がよくわかる本《ほん》

発行日　2019年　6月　1日　　第1版第1刷

著　者　中野《なかの》　明《あきら》

発行者　斉藤　和邦
発行所　株式会社　秀和システム
〒104-0045
東京都中央区築地2丁目1－17　陽光築地ビル4階
Tel 03-6264-3105（販売） Fax 03-6264-3094
印刷所　日経印刷株式会社　　Printed in Japan

ISBN978-4-7980-5816-0 C0011